心とカラダがやすまる暮らし図鑑

川上ユキ

words & illustration & bookdesign

はじめに

最近、女性はめっきり忙しくなりました。
求められる仕事の質も高くなって、世の中も何かとシビア。
そこへ、家へ帰って家事だなんだ…あー、忙しい。

わたしも、毎日の家事に追われ、忙しく働く女性のひとり。
案件が立て込むと3時間ほどの睡眠で働くときがあります。
仕事が楽しいし、頑張りたい！と思うからムリをするけど
休まないと、結局、からだは余計に疲れるし
頭の回転も鈍くなって、仕事の効率が悪くなる。
そう気づきました。

「休む」ことは、栄養補給です。
みなさん、週末や連休といった
大きな栄養補給は、意識して上手に取っています。
むしろ、今、目を向けたいのは
平日に家で取る小さな栄養、毎日の「小休み」です。
寝る・お風呂、食べる、くろつぐ…は
すこし丁寧に行えば、それだけでからだが休まります。
その向こうに雰囲気のいい部屋が広がっていたら
きっと心も休まることでしょう。

今日もお疲れさま。
帰ったら、自分のために、ゆっーくり休みませんか。

毎日の「小休み」が取れてきたから、
金曜日のガス欠も
残業続きのヘトヘトも
へったみたい。

今日は早く帰れる日。
部屋を味方に、
休もっーと。

1 CHAPTER ねる 寝室

2 CHAPTER さっぱり洗う 浴室＆洗面所

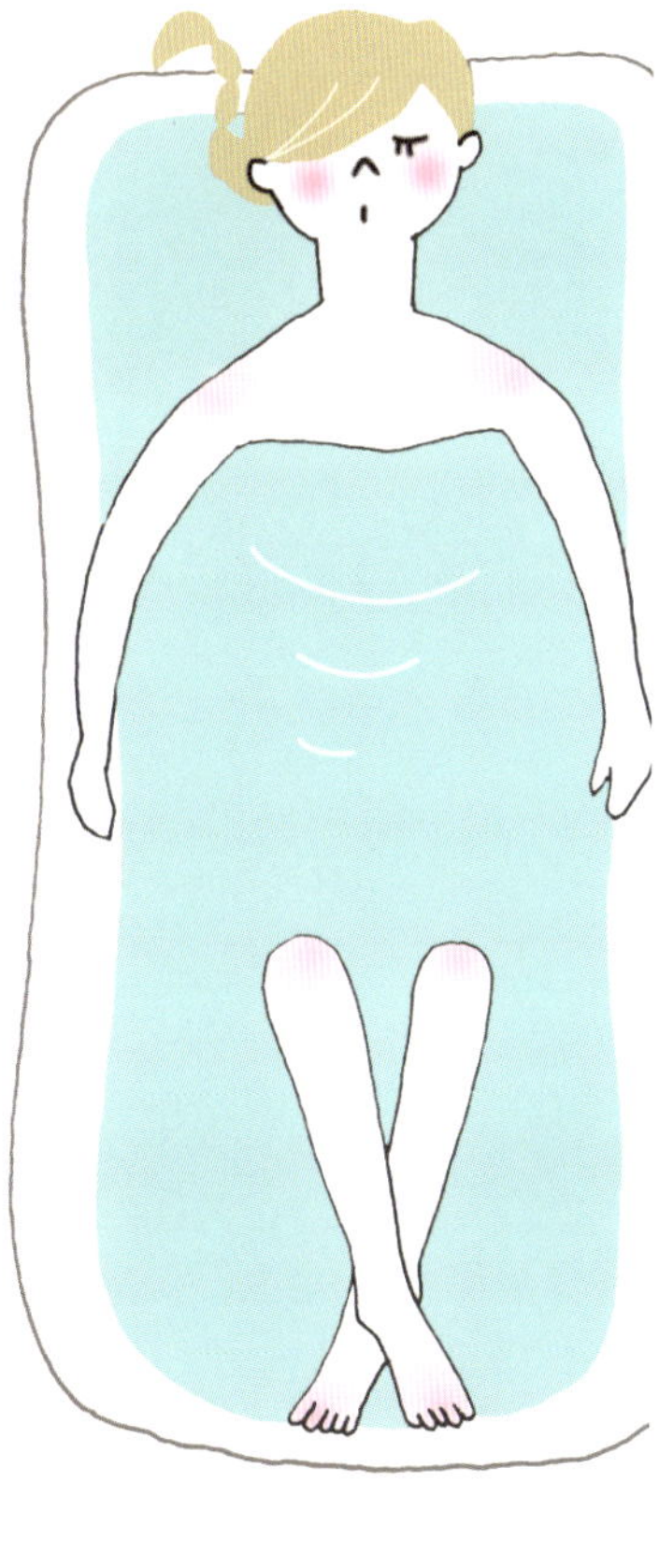

3 CHAPTER つくる・食べる

キッチン&ダイニング

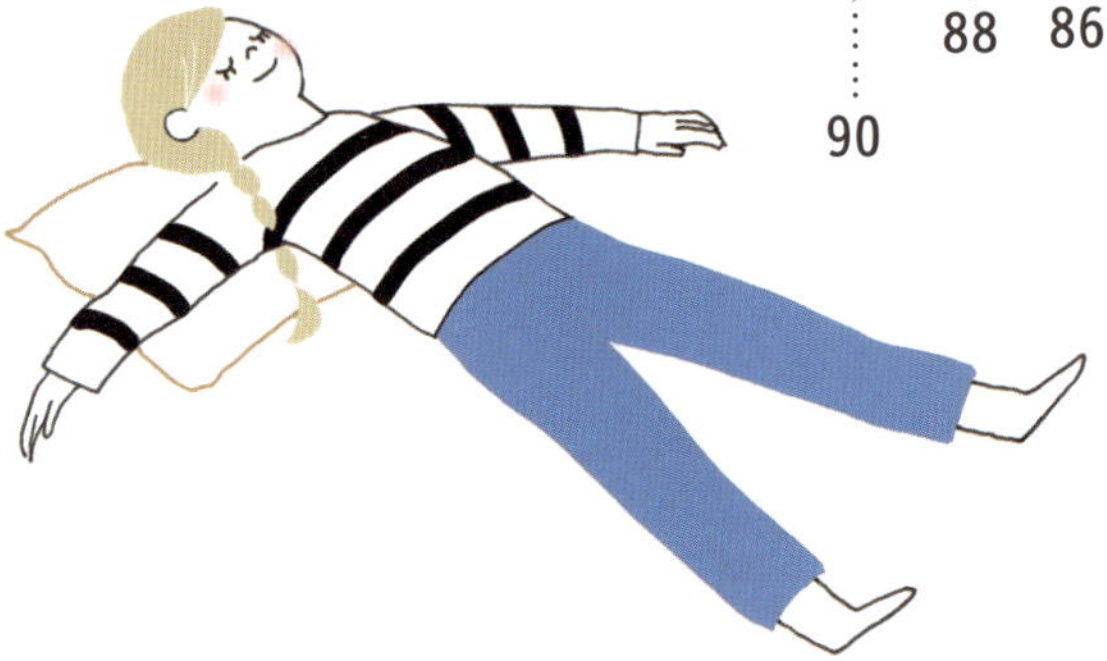

4 CHAPTER ごろごろ リビング

5 CHAPTER 明日のために

玄関&クローゼット

1
CHAPTER

寝室

ねる

深ーく眠れば、今日の失敗もなかったこと。

と、思いましょ。

ぐっすり寝て休めるのは、
「からだ」と「脳」です。
たっぷり時間が取れないときも、
脳を休ませる工夫をちょっぴり足せば、
睡眠の質があがります。
質があがれば、深い眠りが、
溜まった疲れをリセットしてくれます。

ねむけ誘うあかり

さぁ、今夜は深ーい眠りの世界へ。あかりを使ってわたしを誘いましょう。

用意するのは、置き式のスタンドライト。あたまの斜め上に置いたら、準備完了です。あとは部屋の電気を消して、劇場のようにまっ暗にしたら、ライトのあかりの元でぼんやり。眠く

なるのを待ちましょう。

眠っているとき、わずかでも光があると、目が動き、連動して脳も働いてしまいます。まっ暗な状態で眠るとだとそれがなく、あたまが休まるといわれています。

夕日が海に沈むとき、美しいグラデーションで、辺りが徐々に暗くなっていきますよね。あのゆったりしたイメージで、大きく深い眠りの世界へ入っていきましょう。

おやすみタイムテーブル

寝る15分前に部屋の電気を消します。

電球色の温かい色のライトをつけて10〜15分過ごします。

意識が遠のいてきたらライトを消して就寝です。

愛着おふとん

出張の多いわたしは、これまで宿泊先で数々のおふとんを体験してきました。そこで得た、眠りやすい掛けぶとんの定義。それは、「包まれる安心感」がいい眠りには大事ということです。

おふとんは保温性も重要ですが、標準レベルになるとだいたい温かく、空調もあるので大差を感じません。それよりも、からだに重み、「圧」の違いで熟睡度が変わります。ぐっとハグされるようにおふとんが自分のからだに添うと、緊張がふわっと取れ、安心感から眠りやすくなるのです。

ポイントは「肩まわり」と「全体の重み」。ここが自分の好みに合っていると、守られているような心地よさを感じる、愛着おふとんになります。

好みが分かれる全体の重み

おふとんが軽いと柔らかく感じ、重いと安定感が得られます。好みが分かれるところ。

掛けぶとんを知ろう

欲しいのは、包まれる安心感。
素材についてもすこし知ってると自分に合った愛着の一枚が見つけやすくなります。

肩と首まわりのスキマをなくす

ふとんが浮いて肩や首にスキマができると、眠りにくく感じます。スキマを感じたらブランケットやタオルを首に巻いて調節。

全体の重みを好みにあわせて調節

軽すぎたらもう１枚肌ぶとんを足すと安心感が増します。重すぎはからだが疲れるので、思いきって軽いおふとんに変えても。

掛けぶとんの素材

軽いのは羽毛や化繊。重いのは綿のおふとんです。人気の羽毛は、肌に添うしなやかさがあります。

季節のちょい足し

冬

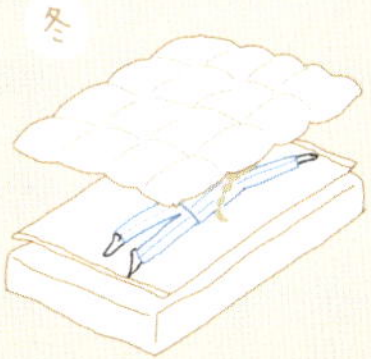

毛布は体の下に敷いたほうが温かいんです。掛けぶとんとの間に入ればぬくぬく。

夏

汗取りパットをシーツの下に。夏でも掛けぶとんがいい人はこれで快適です。

熟睡できるあたまの位置

同じ部屋のなかでも、眠りやすい場所とそうでない場所があるのをご存じですか？

それを決めるのは「開口部」。窓やドアといった開口部は、寒さや暑さ、光や音が入ってくる場所です。

とくに窓の下にあたまを向けると、寒さ暑さを感じやすく、光も完全に遮断できないと眠り

ドアから離れる

実際に誰も入ってこなくても、ドアからは人が入ってくる「気配」がして落ち着きません。

見える場合は目隠しを

ドアから見える場合はベッドサイドに家具や照明を置くと、あたまが隠れます。

が浅くなります。ドアは窓ほどではないけれど、ベッドから見えると落ち着かないという困った特性があります。

ということで、結論。ぐっすり眠るには、部屋の隅、何もない壁にあたまを向けてください。そして空調のあたり具合と周囲からの音もれをチェック。実際にあたまの位置を変えながら寝て、場所を確かめるとバッチリです。

同じ部屋で寝るのなら、いい場所で、いい睡眠にしたいですよね。

BEST
壁や隅に向かって寝る
部屋の隅はじゃまなモノがなく自然と落ち着きます。隅でなくてもあたまの位置を壁側にするだけで効果あり。
窓下は避ける
暑さ・寒さが入り込む窓下にあたまを置くのは避けて。窓下になる場合は厚手カーテンで対応を。

寝入りばなをしずかに整える

寝室って、どうも荷物置き場になりやすい。他に場所がないし、ここなら誰にも見られないし…と、衣装ケースやスーツケース、謎の段ボールがごろごろしていないでしょうか。

でも、その荷物、ちょっと移動したらもっとよく眠れるかも、なんです。

というのも、あたまの近くに荷物があると、寝る直

前までモノがいっぱい目に入ります。これが気分を高ぶらせ、寝入りばなによろしくない。荷物を足元のほうへ移動すれば、あたま周辺の騒がしさが消え、しずかに寝入ることができます。

荷物が移動できない場合でもナチュラルカラーのリネンなど掛けてみてください。しずかな環境は、快眠の内助なり！

あたま横の荷物を移動して

ポイントは、荷物をできるだけ残さずに移動すること。がらーんと空けることで、しっかり開放感が出ます。

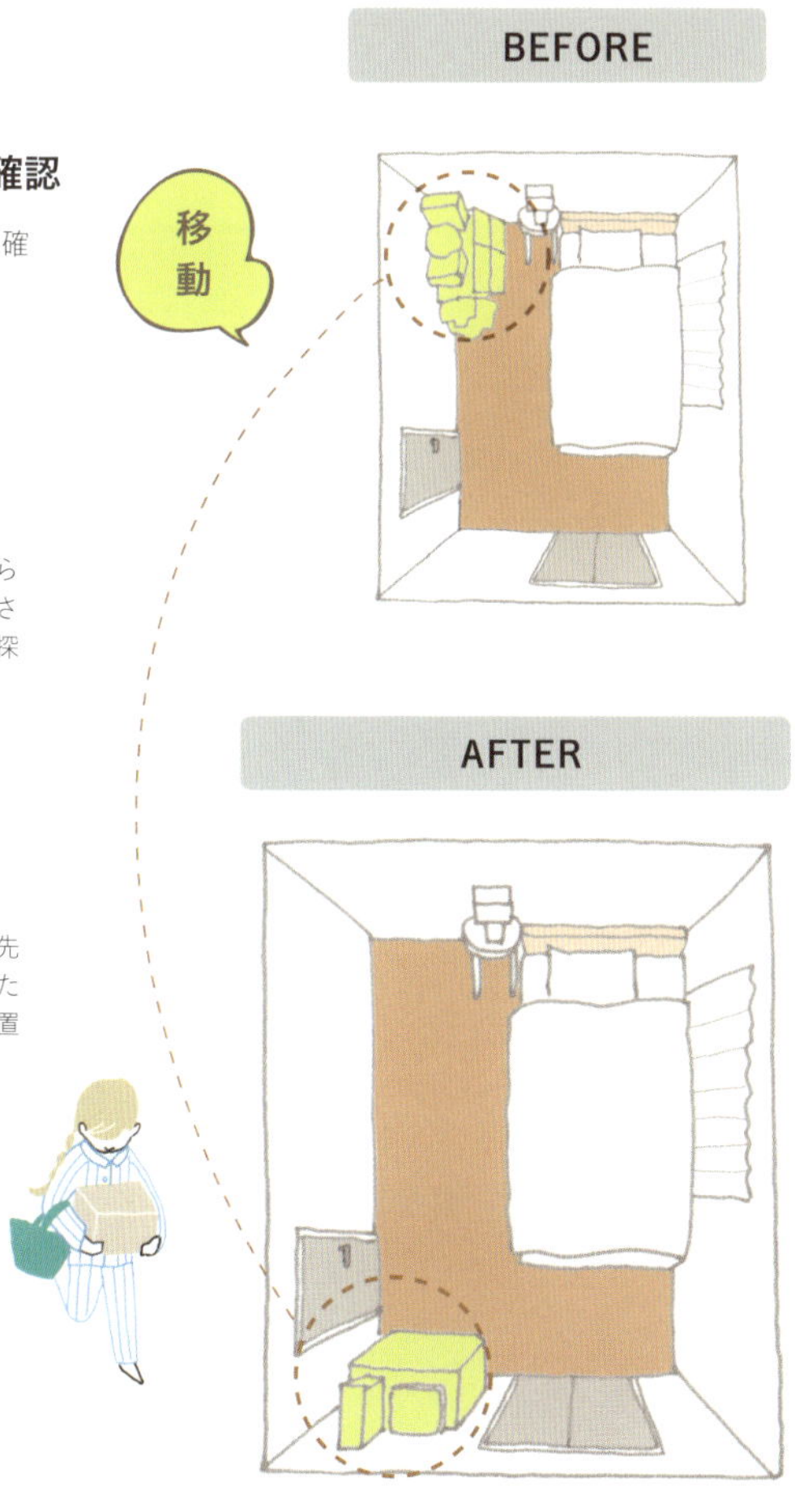

1 あたま横の荷物を確認

どれくらいあるか、量を確かめます。

2 移動先を探す

寝たときに見える位置から離れて、ドアや通路をふさがず荷物が置ける場所を探します。

3 移動する

荷物を丸ごと移動。移動先では、荷物の整頓までできたら完璧。今日からここが定位置です。

相性ばっちり枕

見る、聞く、嗅ぐ、感じる、考える…今日もいっぱい働いたあたま。眠るときはすこし堅めの枕でしっかり支えてあげましょう。あたまは意外と重くて首が動きやすいから、ふわふわの枕で支えると不安定になります。ふんわりシフォンよりずっしりブラウニーのイメージで。

相性のいい枕で眠った翌朝は、「よく寝たぁ」、からだの底から充足感があります。

コッ
まぁ、相性ばっちりよ
うらやましい！
相性がいいと寝やすいみたいよ
コッ
コッ

いつもの枕を相性ばっちりに

いつもの枕でも、枕の置きかたで熟睡度があがります。ポイントは、首を敷きぶとんが水平になるように調整すること。血行がスムーズになり寝つきやすくなります。

1

枕の下端を持つ

両手で軽く持ちます。

2

肩まで入れ込む

枕の下端を下げて、首下のスキマを埋めるように、肩まで入れ込みます。

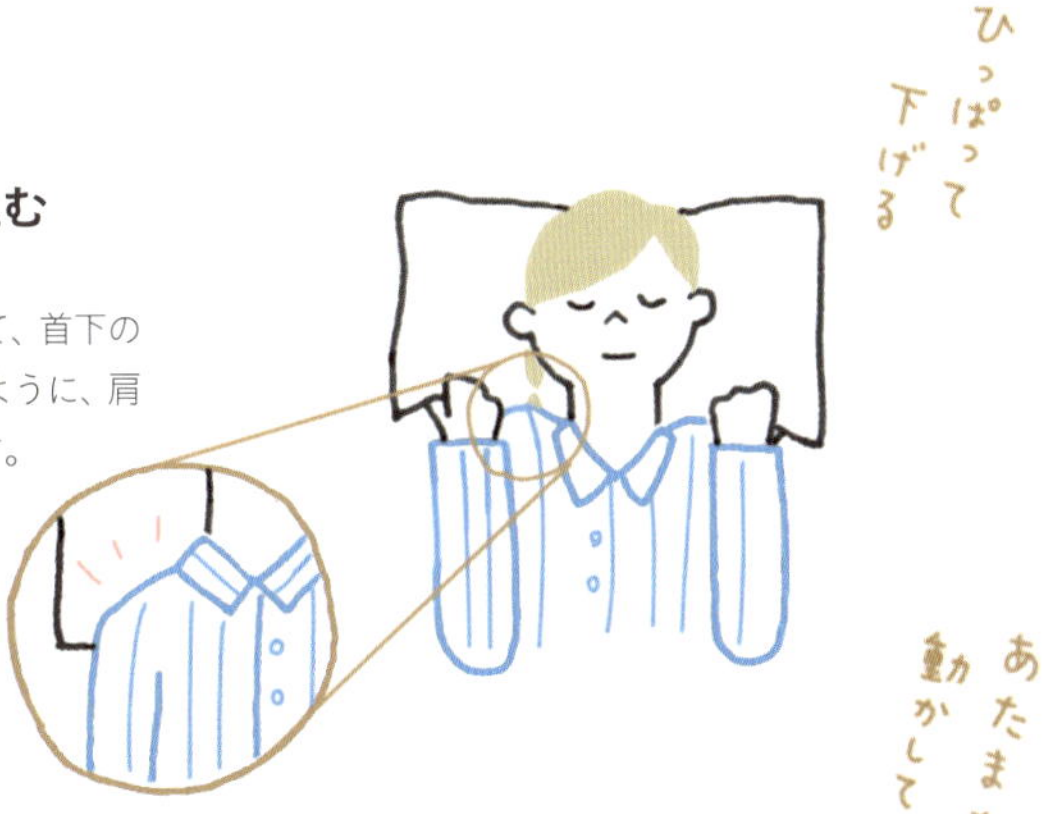

3

あたまを水平にする

首と敷きぶとんが平行になるイメージで、あごを上げ下げして調整します。

気をつけたいNGポイント

高すぎ低すぎは不眠のもと

首が上や下に傾くと血行が悪くなり、寝にくくなります。

ふわふわの材質は避ける

化繊や綿の柔らかい枕は余計な筋肉を使ってしまいます。

堅さはややしっかりで

首まわりが安定し、寝返りもうちやすくなります。

3点でリネン統一

「ビジュアルがかわいい」、それだけで大いなるしあわせを感じられるのは、女子だけに許された特権、いや特殊能力です。

寝室も、ベッドリネンを変えてビジュアルがよくなったら、確実にテンションがあがります。「ベッドがかわいい！」そう思っただけで、早く寝室に行きたい、早寝へのモチベーショ

3 掛けぶとんカバー

部屋を彩るアイテムでもあるので色や柄にこだわるとすてきな寝室に。

2 ベッドシーツ

枕と同じ、穏やかな色で。肌着を買う感覚で、すてきな素材を選びます。

1 枕カバー

あたまの近くなので淡い色、穏やかな色が向いています。

ンだって芽生えるかもしれません。

ベッドリネンは、枕、掛けぶとんのカバー、ベッドシーツの3点が基本です。セットされた市販品もありますが自分で個々に買って組み合わせると、カスタマイズ感が出て楽しい。

3点の基本のうち「いずれか2点」をおそろいにすると、全体がまとまりやすく、色ものを足しても失敗しません。これで「ビジュアルがかわいい」確定です。

落ち着く部屋にする オススメのテイスト

ベッドリネンなんて…わ、わかりません、という方も大丈夫。左のどれかにすればすぐにおしゃれベッドの完成です。

2点ホワイト

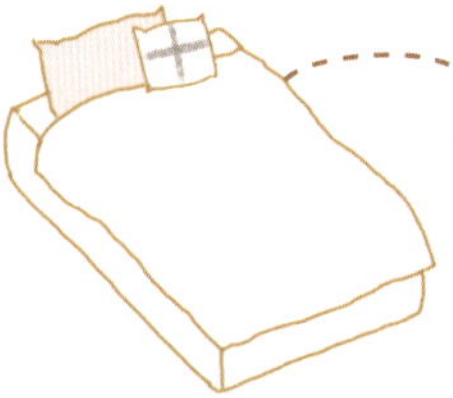
枕だけ色を変える。地味なときは飾りのクッションを。

ベッドと掛けぶとんが白いカバー。ホテルのような輝く清潔感で、部屋が狭く見えないのもいいところ。

シックなグレーベース

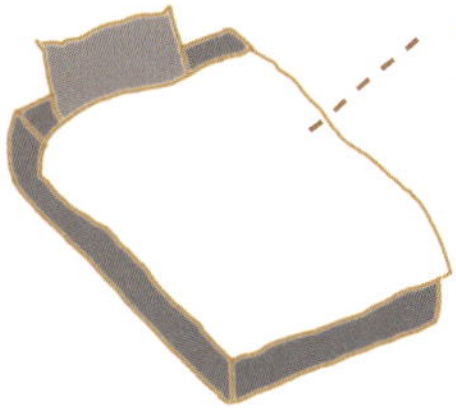
シーツと枕がダーク色なので掛けぶとんは何色でも合う。

デュベカバー以外の2点をダークグレーに。オールホワイトに比べてこじゃれた大人っぽい寝室に。

2点の上面おそろい

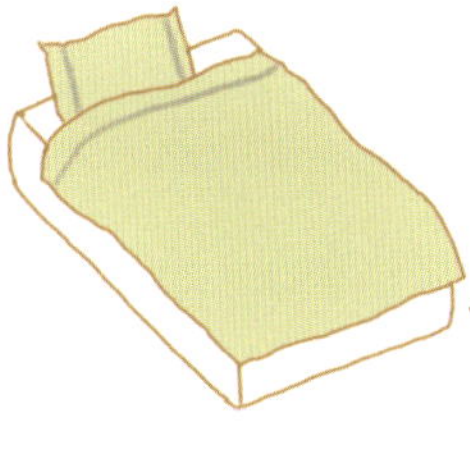
上面2点がそろうのでベッドシーツは無地で。

デュベとピローがそろうと色の面積が大きく寝室が華やかに。セットの市販品が多いので選択肢も多い。

リネンを変えて落ち着く寝室に

寝室は、穏やかな色調だと眠りやすくなります。からだに触れるシーツは白やグレーを選び、掛けぶとんやふたつめの枕に、色や柄をもってくると寝室が華やかに。

ゆったり大人の寝室

白いカバーと淡いグレーの大人っぽい色の組み合わせ。同系色のブランケットをアクセントに。ベッドサイズもシングルより大きいセミダブル（120cm）なら、のびのび。

リネンは掛けぶとんとベッドシーツがおそろいの「グレーベース」。
ブランケットは、色のトーンが合っていれば柄ありでもいいアクセントに。

ふたりで眠る寝室

枕と掛けぶとんがおそろのいカバー。ストライプはさわやかな印象になります。50cm の大きな枕を 2 個足すと外国のようなベッドメイキングに。鈍い色なら濃色でも落ち着きます。

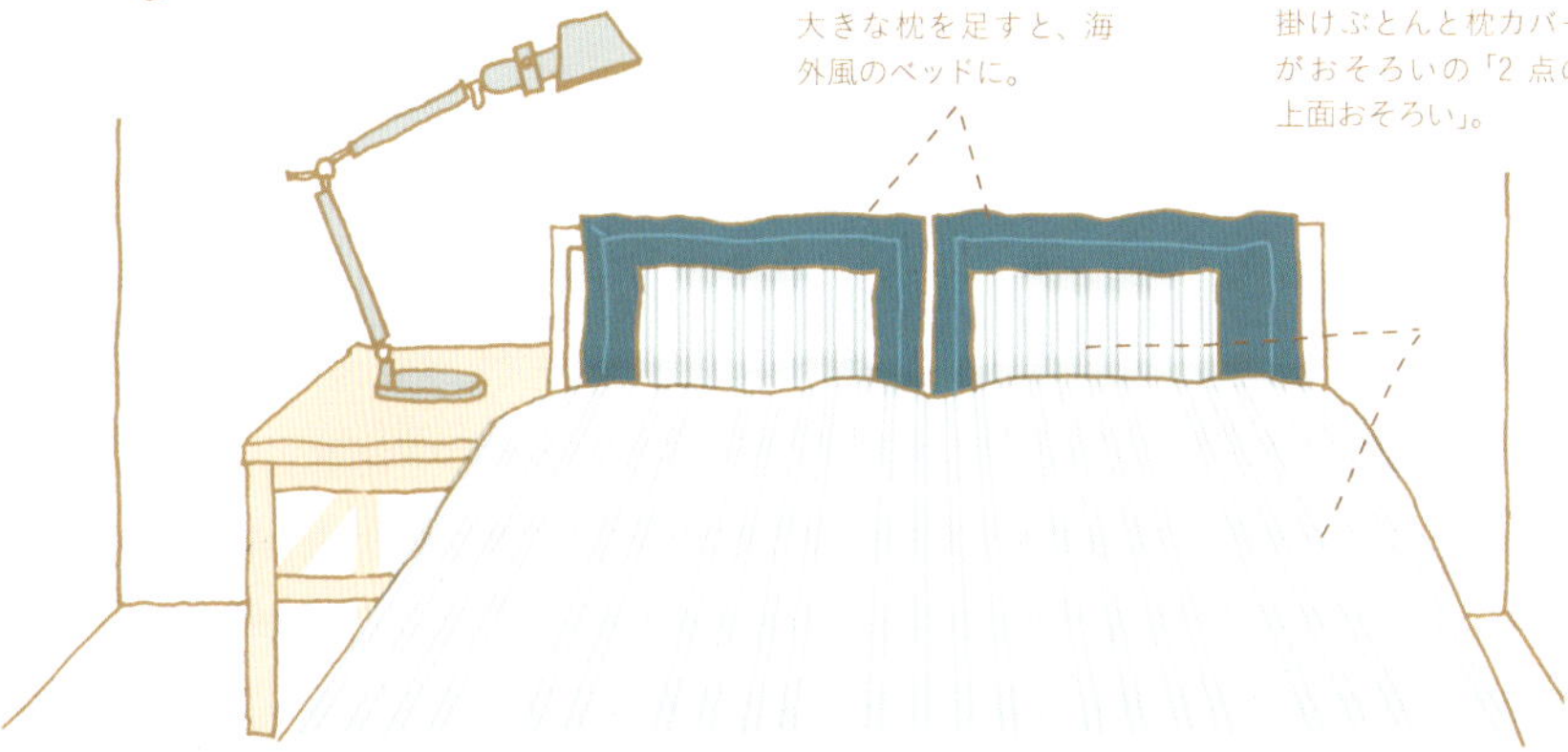
大きな枕を足すと、海外風のベッドに。
掛けぶとんと枕カバーがおそろいの「2 点の上面おそろい」。

おふとんの寝室

ポイントは、ルーズに見せないこと。何組か並んでも掛けぶとんのカバーが同じだときちんと見えます。トレイを置けば、モノを置く範囲が決まってきちんと感がアップ。

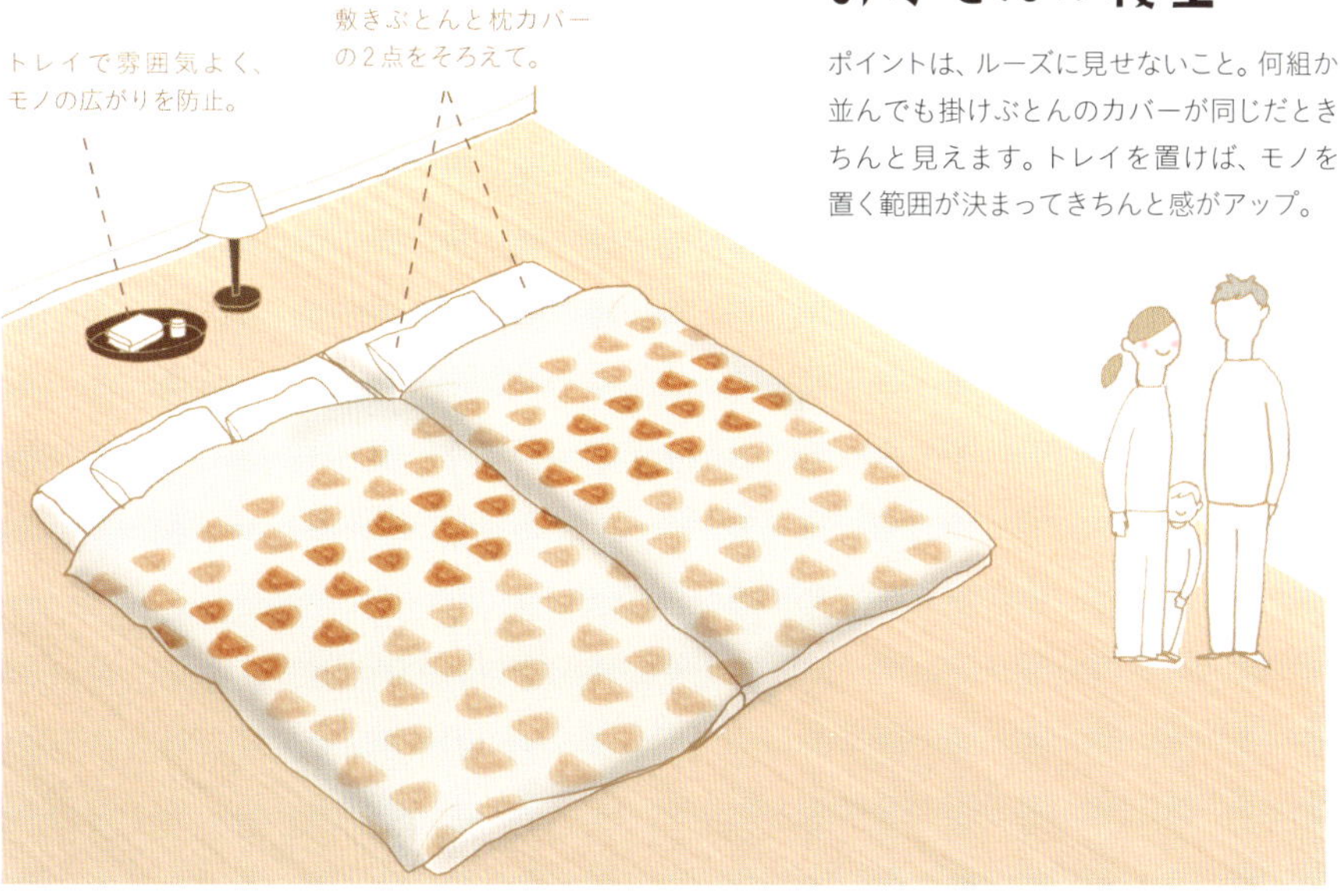
トレイで雰囲気よく、モノの広がりを防止。
敷きぶとんと枕カバーの2点をそろえて。

枕元に、読み古した本

一日じゅう、活発に動いていたあたまのなかをゆっくりをトーンダウンさせていく。それがぐっすり眠るためのよい導入といわれています。

枕元のおともにしたいのは、本。それも、すきで何度も読んで、内容も結末も熟知している本なら完璧です。

すきなんだけど、これといって目新しくも面白みもないな…とページをめくっているうちに、寝落ちぐー。新しい刺激がないから、すっと深い眠りに落ちていくのです。

あたまのなかが「考えごと＝ことば」でいっぱいの日は、ニュースや仕事関係でない、種類の違う「ことば」で打ち消すのがいいなと思います。

理想はこんな枕元
熟睡に欠かせないライト。
サイドテーブルがあると便利。必要最低限のモノだけを置きます。
ゴムやリップは小物入れに。
本を2〜3冊。
パジャマを入れるバスケットがあるとベッドまわりがいつもきれい。

おやすみにオススメの本

「起こらなかった世界についての物語」
著：三浦丈典

新旧、建築家たちのアンビルド作品について綴られたエッセイ。知られざる世界と美しい文章で気持ちが遠い異空間に飛んでいきます。

「すてきなひとりぼっち」
著：谷川俊太郎

愛らしい文庫サイズの詩集。50編近い詩は、答えそのものじゃなくて、答えがないことを教えてくれるよう。どちらの本も夜空の表紙がすてき。

寝室映えするオススメのライト

ライトには、部屋のテイストと相性のいいカタチがあります。自分の寝室は…しいて言えばこれかなと思うテイストから逆指名すると寝室にまとまりが出ます。

1 かっこいい系

男前・工業系の寝室にはこれ

曲がるアームがオブジェのようで存在自体がかっこいいワークランプ。大きめなので広い場所向き。

置き場所がないときは、スツールに乗せるとかっこよく決まります。

Q ライト選びのポイントは？

ポイントは3つです。①手元にスイッチがあること（寝る前に切れる）、②小ぶりである（じゃまにならず置きやすい）、③5千円前後（お手頃だとトライしやすい！）

3
大人カワイイ系

花柄、レースの脇役に

裾広がりになったシェードはエレガンスな雰囲気。花柄やレースといったアイテムに似合います。

2
シンプルモダン系

北欧、無印と相性がいい

ベースもシェード（かさ）もスクエアなタイプはスッキリした印象。シンプルな部屋と相性がいい。

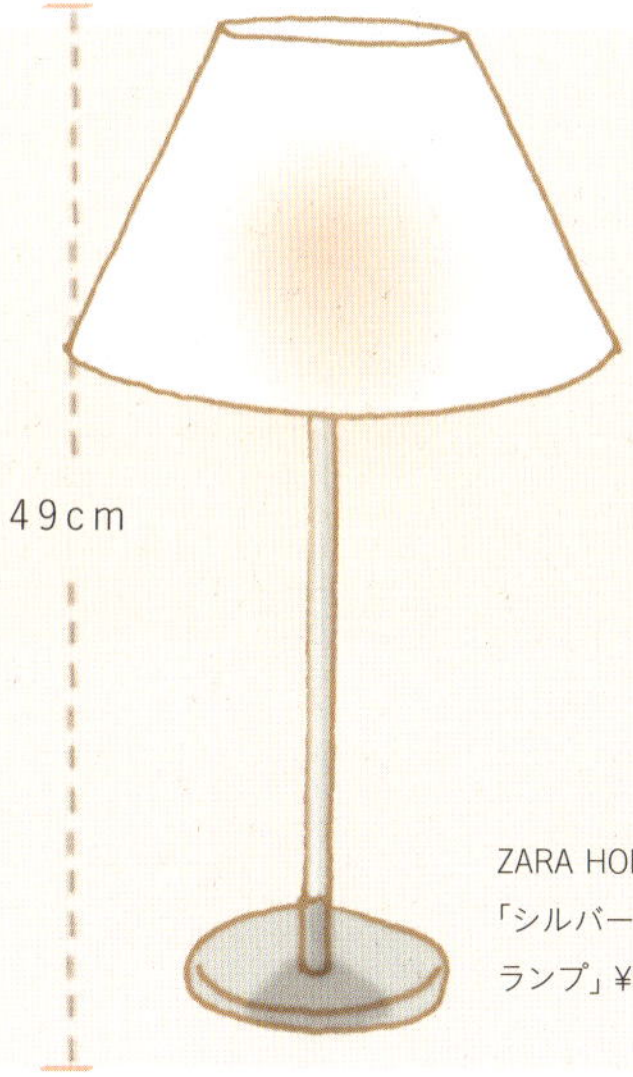

ZARA HOME BASIC
「シルバーベーシックランプ」¥5900+ 税

WEBO online-store
「Table lamp」
¥4800＋税

このタイプの照明は、チェストやサイドテーブルの上で大人カワイイ、鏡やガラス器と一緒に置くと華やかです。

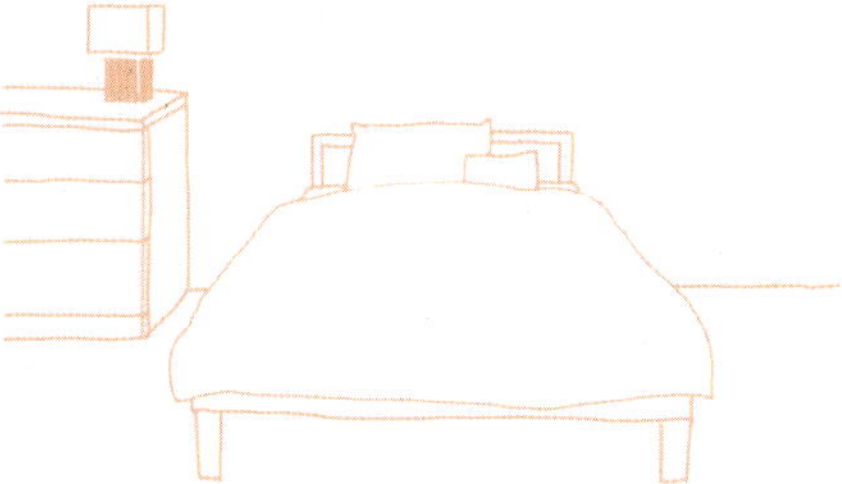

小ぶりで存在感も控えめなので、モノを置きたくない寝室でも、目立たずなじみます。

眠ることは生まれ変わること

ゆっくり寝たい。そうは思っているけど、なかなか時間が取れない…という人も少なくないと思います。

そのとき、こう考えてみませんか。足りない時間は「質」で補う。物理的な時間は、どうにもできないけど、ぐっすり眠った、という実感＝睡眠の「質」は、自分のちょっとした行動で変え

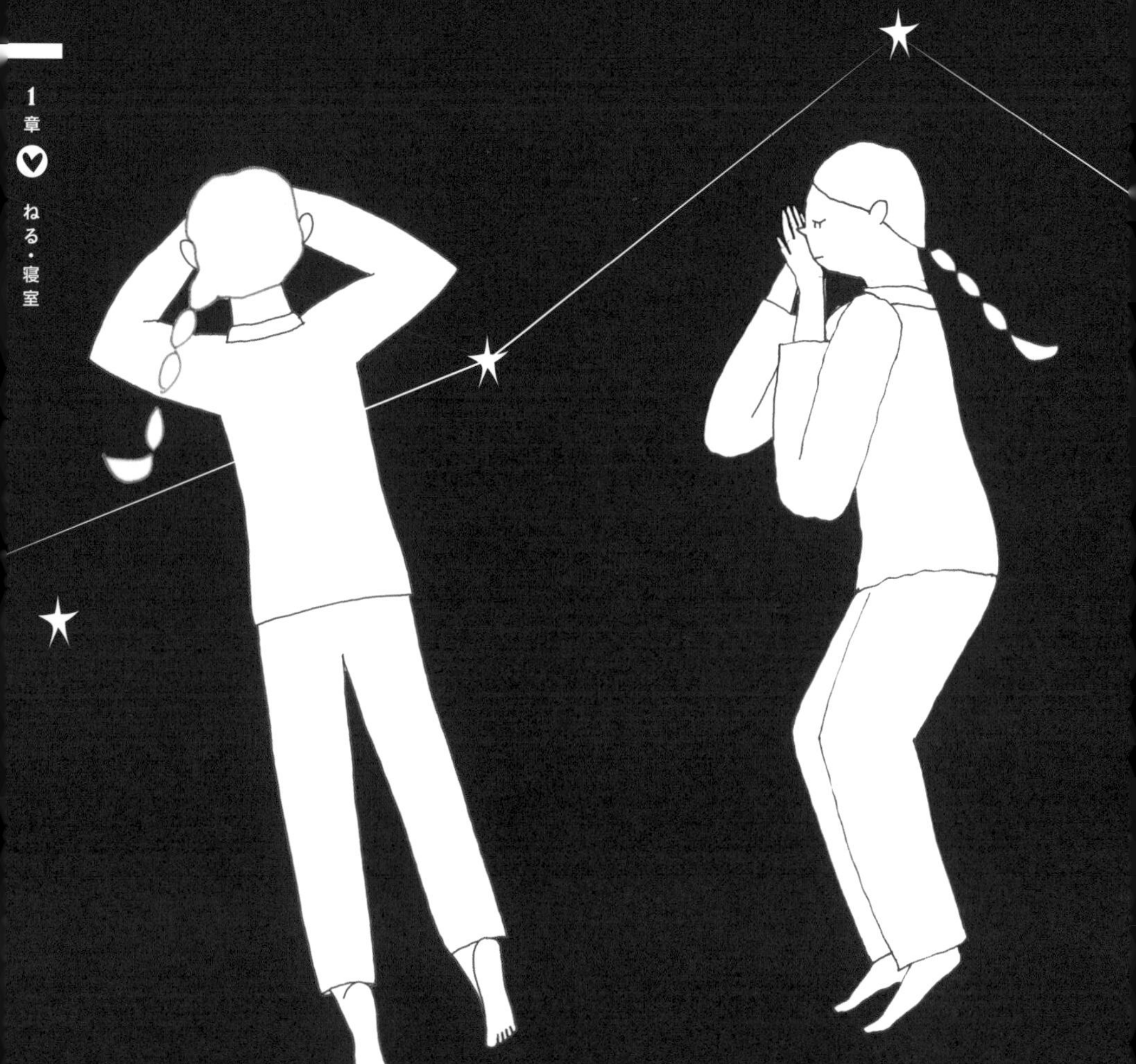

ることができます。枕の使いかたを変える、おふとんを気にしてみる。小さなことでも、睡眠は繊細な行為だから、自分に合えば熟睡度があがります。

わたしはいつも「眠ることは生まれ変わること」、そう思っています。荒れた肌も、くよくよした自分も、よーく眠ったらリセットされるはず。だから、今日も気持ちよく眠ろう…。考えかたを変えるのは、いちばん手軽にできる、「質」のあげかたじゃないかと思います。

寝つけない夜にしてみること

明日のプレゼン、仕事の進捗、彼の態度…。小さくとも気になることが尽きない毎日。心が弱っているときや、からだが重く感じる日は、寝つきが悪くなるのかもしれません。

そんなときに試してみたい寝つきをよくするアイデア。いくつか、自分に合う方法を覚えておくと、寝つきにくい夜も安心です。

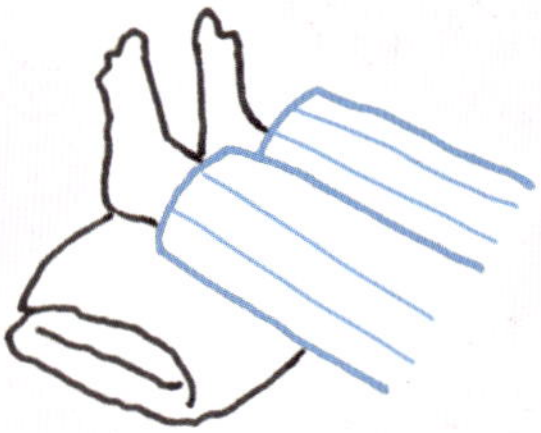

座布団で、足をちょっと高くする

からだがすごく疲れた日も寝つきにくい。足を上げて、血行をよくします。

呼吸を意識。ゆっーくり息を吐く

鼻からゆっくり 7 秒空気を吸い、3 秒止める、口から7秒かけて細く息を吐きます。呼吸を整えると落ち着きます。

目をつむって楽しかったことを思い浮かべる

ポジティブなことを考えると気持ちがしずまります。たとえば楽しかった旅行を思い出しながら「寝るよー」と自己暗示に。

寒い夜は
首の後ろを温めて

首の後ろ（襟元の下付近）にカイロを貼って温めます。

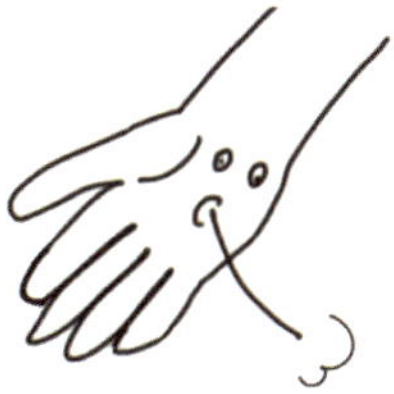

手足の呼吸を
意識して集中

「足（手）が呼吸している」とイメージして集中します。

暑い夜は
首の汗をぬぐって

背中の汗が敷きぶとんにこもると湿気となり眠りにくい。

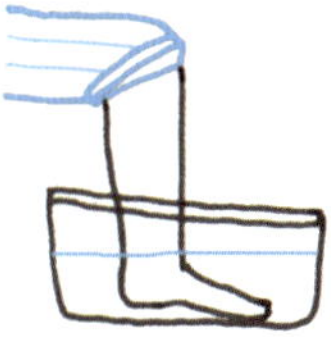

速効でぽかぽか効果、
足湯をする

洗面器に 42℃以上熱めのお湯をはり10分間足をつける。

手と足を広げて
だらーんと仰向けに

手を握ると力が入るので、上向きに広げリラックス。

温かいミルクを
すこし飲む

コップ半分ほどをレンジでチンして飲むとからだが温まります。

寝る前の
刺激は禁物

スマホ&テレビを見ると刺激が強いので目が覚めます。

ぼそぼそ話の
ラジオを聞く

テンション低めのトーク番組だと意識もぼんやり。

思い切って
起きてみる

寝ようと意気込むとあたまが冴えるので、起きて一旦リセット。

目覚ましサイクル

就寝中は1.5時間でノンレム睡眠とレム睡眠を繰り返すって聞いたことがありませんか。このサイクルを利用して、浅い眠り時に起きると目覚めがいいという説があります。

わたしも「明朝は5時半起床」といった緊急時にはこの方法で目覚ましをセットします。気のせいかと思いつつ、目覚めスッキリで、いざ出動。真偽はさておき、とにかくいろんな手を尽くして気持ちよく起きなきゃ！

事情別、目覚まし例

「毎晩12時に寝ます」 ⇒ 目覚ましは1.5の倍数で6時か7時間半に合わせて。

「寝つきが悪いけど8時半に起きなきゃ」 ⇒ 逆算すると1時就寝がベスト。12時半には寝室へ。

寝起きの新習慣

朝起きたら、うーんと大きな伸びをする、ふとんから出たら窓やベランダに向かって朝の光を浴びる。そして、掛けぶとんを持ち上げ、空気を入れて整える。

2分もあればできることなのに、からだはスッキリ、ふとんもさっぱり。夜、疲れて帰ってきたときベッドがきれいだと気持ちいいですよ。

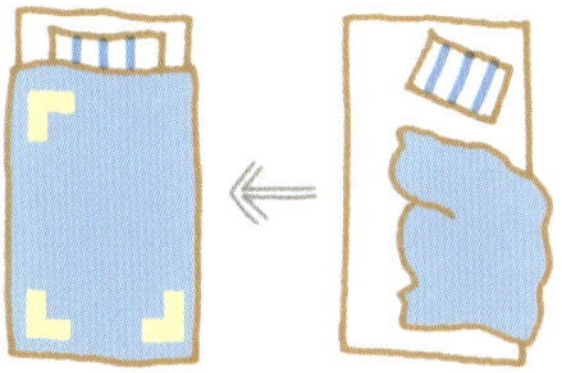

3点の角がそろうと整って見えます。

掛けぶとんは、横からふわっと持ち上げると上手に直せます。

わたしのよもやま話　COLUMN

眠れない夜にすること

ざわざわして眠りにくい夜、主人に質問をしてみます。照れずに聞きます。

「今日、わたしのこと、いちばんすきだったとき、いつ?」

しばらくして、返事。

「うーん、ごはんをおいしそうに食べてたとき、かな」

そっかぁ。自分で聞いておきながらですが、すきでいてくれる瞬間があったんだと思うと、ほんわかと安心した気持ちになります。お返しに自分も、彼のすきだったところを言って眠ります。

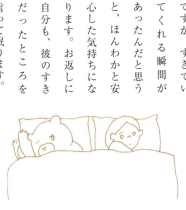

はぁ——よく寝た

忙しすぎる日が続くと、自分が消えてなくなっているような気持ちになります。こうした日にははっきりとした言葉が、心を安定させてくれます。直接、誰かに聞かなくても、ほめられたことを思い出しながら寝つくのもいいかもしれない。安心するとぐっすり眠れます。

ちなみに、彼の回答の7割は、「晩ごはんをおいしそうに食べていた」。適当に言ってる気もしますが、ま、言葉があればいいか。

2
CHAPTER

浴室&洗面所

さっぱり洗う

全身全霊、わたしのためにいやします。

今日は早く帰れそう？
なら、久しぶりに湯船に入ってみませんか。
心のなか、からだのなか、
滞っているものがぐるんと流れて
軽くなる気分です。

お風呂から寝るまでの麗しい過ごしかた

早く帰れる日は、「休むための特別ナイトプログラム」で過ごしてみませんか？　22時の入浴で、こんなにも自分がいたわれます。

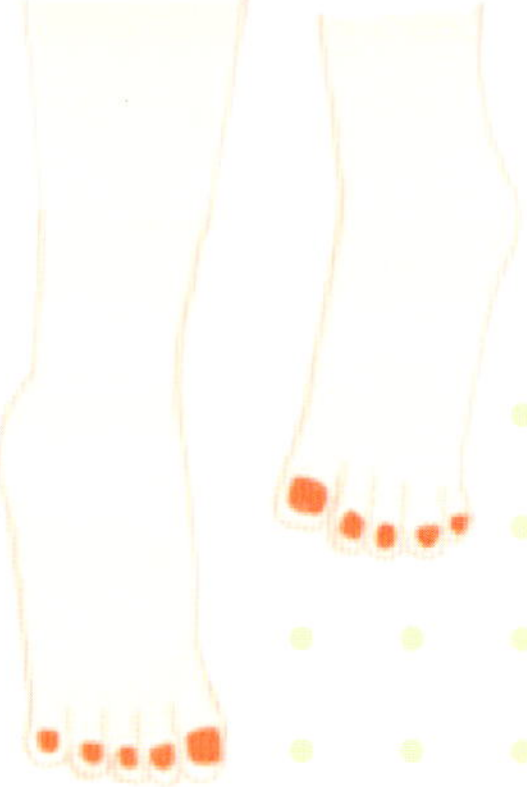

22:00 お風呂に入る

お風呂で温まったからだが、ほどよく冷めてたとき、それがよく眠れるタイミングです。寝る2時間前くらいに入浴を。

22:45 ケアタイム

湯船につかったあとは、保湿効果もあって、お肌がプリプリ。うれしいなと思いながら、手厚くケアしましょう。髪も乾かして。

つるり
ちょっと セルフマッサージ。
太ももの裏を伸ばすと気持ちいいー！
ふんがー。お肌も わたしも しっかり 休息。

23:15 ごろごろ

足が冷えないように靴下をはいたら、筋肉がほぐれているうちにマッサージ。からだをのばすとさらに血行がよくなります。

23:45 ベッドへ

今日はたっぷり寝て、からだをしっかり休めます。スマホは部屋で充電、楽しそうな夜更かしもパスして、ベッドへゴー。

24:00 寝る

部屋の電気を消したら、手元のライトをつけて、ぼんやり過ごしたら、眠りの世界へ。ぐっすり、おやすみなさ〜い。

今日は湯船！

ざぶーん！　湯船は家でできる、いちばん手軽なリフレッシュ方法です。忙しい平日も週に一度は入れるといいですね。

職場で一日、頑張ったからだは同じ姿勢で働いた分、血の巡りが停滞して疲れが取れにくくなっています。湯船に入ると、全身の血行がよくなり、からだがほぐれます。

湯船の効果がちゃんと出るのは、からだが芯から温まったとき。たとえばじゃがいもを茹でるときも、中まで火が通るには時間がかかりますよね。それと同じで、からだも15～20分ゆっくり入ることで芯から温まります。これでわたしたちのからだは、ホクホク、いや、ほかほか！

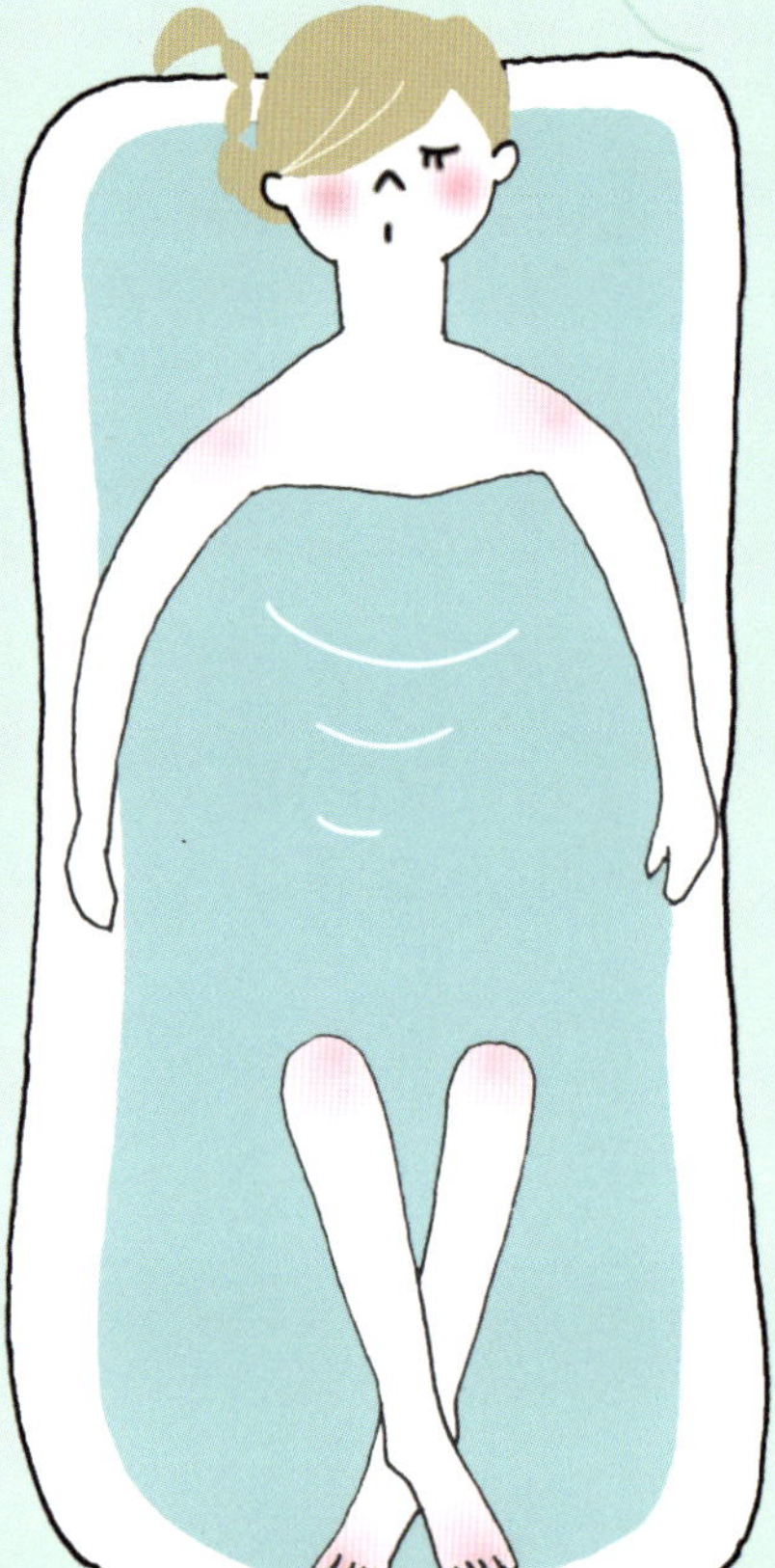

体調に合わせてお湯マイスター

効果の違う、「熱め」と「ややぬるめ」のお湯を使い分けましょう。浴室の環境や季節でも違いますが、手を入れて「熱い」と感じたら42℃、「ちょうどいい、すこしぬるめ」が40℃くらいです。

心身ともに疲れを取りたい

40℃

疲れ取りにいいのは、すこしぬるめのお湯に 15〜20 分。あがってちょっとぐったりするくらいが、実はいいんです。

……やや浅め

からだの冷えを取りたい

40℃

半身浴だとからだが冷えるので、肩まで入る→洗髪→入るを繰り返して温めます。

……深め

さっぱり爽快に入りたい

42℃

熱めのお湯は、疲れ取りよりサウナのような爽快感が欲しい日に。長湯せず、鼓動が早くなったらあがります。

……ふつう

温度は神経質にならないで。熱くても放置すれば下がるし、ぬるければ熱いお湯を足せば大丈夫。

ためるのが面倒だというあなたに

お湯をためる約 20 分間にすきなことをすると、そっちに夢中になります。20 分で完了する用事をして待ちます。

クレンジングと歯磨き

お湯をためながら洗面所で夜のケアをしておきます。

洗い物とちょっと後片づけ

これが終わったらお風呂、と思いながら家事を済ませて。

湯船にコレを足して特別スパ

ただ湯船に入るより、楽しいと思いながら入ったほうが、断然、気分もいい！
すぐあきちゃう、早風呂派だから長居できない…
という方にも試してほしい、身近なものでひと工夫の湯船アイデアです。

視界を変える系

切れば、異空間
くらやみ風呂

照明を真っ暗にするだけで、いつものお風呂が別世界。浴室用のLEDライトやキャンドルを置けばリラックスムード満点です。

グリーンを置いて
ジャングル風呂

ベランダのグリーンを窓辺に集めてプチジャングル化。グリーンがひとつあるだけで、殺風景な浴室でも長居ができますよ。

優雅系

夏だけのお楽しみ

水風呂

ずっと熱がこもっている夏のからだ。ぬるめのお水をためて水風呂に入ります。サウナあとのように、からだの芯から熱が取れて気持ちいい！

音を足す系

スマホを洗面所に

ノリノリ風呂

浴室スピーカーを用意しなくても、スマホを洗面所に置くだけで充分音楽が楽しめます。すきな歌を5曲、聴いたら湯船でもあっという間に15分が過ぎる！

休日のお楽しみ

ひる風呂

昼間っから湯船につかる背徳感。これこそ、ひる風呂の醍醐味、最高のリラックスです。

香り系

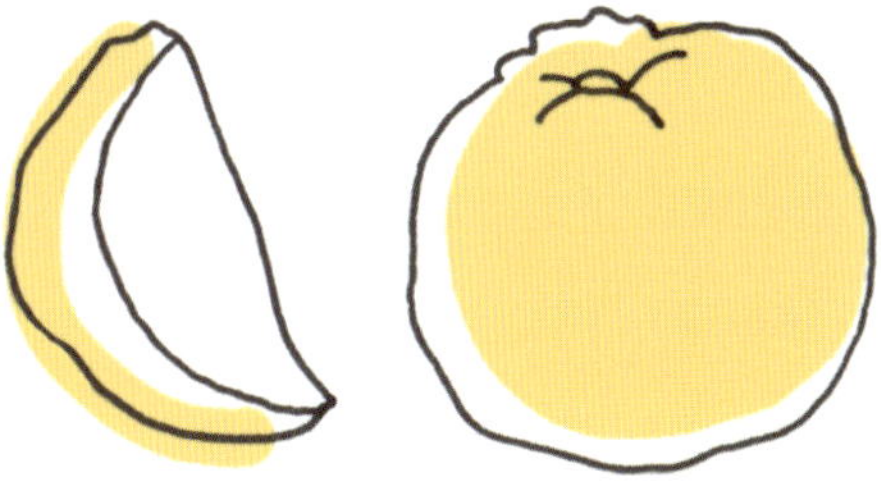

ブレンドでオリジナル湯

香り風呂

すきな精油を2種類まぜて、オリジナルの香りで入浴。不思議とすきな香り同士だとどんな組み合わせでも、しっくり合います。

みかんの皮をドボン

かんきつ風呂

みかんなどかんきつ類は、皮の部分に香り成分が詰まっています。むいた皮をそのまま湯船へ入れればOK。甘夏など皮の厚いものほど香りがいっぱい。

香りで即席疲れ取り

つねづね「気持ちが詰まるな」と感じたとき、精油を鼻にかすめて即席の気分転換をしていました。自己流で堪能していたところ、先日、いいことを小耳に。嗅覚はヒトの五感のなかでも「考える前に感じる」唯一の感覚なのだそう。つまり、いい香りを嗅ぐとダイレクトに感情へ刺激が届くんですって。即効性あり、の確証を得て大いにオススメするしだいです。

オイル七変化

まずは、湯船に一滴

湯気で広がるようにお湯が熱いうちに数滴落とします。湯気と一緒に良い香りを吸い込みましょう。

寝る前に、ティッシュに落として

近しい場所で嗅ぐならティッシュでも楽しめます。八ツ折りにしたティッシュにオイルを数滴落とし、ベッドの縁に。

ディフューザーで部屋全体に

部屋全体に香りを広げたいときはディフューザーがオススメです。

お気に入りの精油、最後まで使い切ります

エッセンシャル

鼻から吸い込んで

ボトルを鼻先にもっていき、右、左と交互に吸い込みます。吸い過ぎ注意ですが、気分がぱっと切り替わります。

ボディクリームに、数滴

無香性&液状のボディクリームのフタをあけ、オイルを数滴。洗い物のあと、手に使うといい気分。

手製リフレッシャーづくりに、数滴

トイレのあとにシュッとひとふきするリフレッシャーも無水エタノールと精製水でつくれます。

最後は重曹に入れて使いきります

古くなってきたら肌に触れない使いかたをします。ガラス器に重曹大さじ2を入れオイルを5〜10滴。置き式の消臭剤ができあがり。

私的・好きな精油

精油は天然の植物成分100%からできているので、安心して直接からだにつけて楽しめます。

「スパイクラベンダー」
ラベンダーより野性的。

「ベルガモット」
渋めの柑橘系。

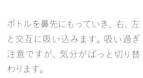

魅惑のシャワーヘッド交換

賃貸住まいでも、浴室のシャワーヘッドって変えられるんです。それも自分で！

取り外しには特別な道具など要らず、手でクルッと外して、お好みのに替えるだけ。ジェット水流、美髪、節水、手元スイッチつき…と、ヘッドの種類は多種多様。ホームセンターや通販で、3千円くらいから買えます。

個人的には、高価なものでな

くても、ヘッドが大きくなるだけで頭にたっぷりかかるお湯が気持ちいいし、ミスト状の繊細な水が出てきたら、「なんかうちのシャワー特別…」とうっとりします。

シャワー派の人でも、お風呂が楽しくなる&気分が変わるアイデアです。

シャワーヘッドの交換方法

1 ホースとヘッドをもつ

ヘッドをもち、もう片方でホースの金具をもちます。

2 反時計回りにまわす

まわすと外れます。外れにくい場合はタオルで拭いて。

3 新しいヘッドをつける

時計まわりに取りつけ。問題なければ15分ほどで完了。

（まれに新しいヘッドがホースと合わないことがありますが、市販のアダプターをつければ取りつけ可能です）

湯上がり極上タオル

お風呂あがりに、ふわっふわのタオルに包まれる…想像しただけで顔がにやけてきませんか。

ぜひ湯上がりは、お気に入りのタオルに顔をうずめて、「1，2，3」と三つ数える。タオルと自分の気持ちいい〜世界に浸ってください。充実したお風呂の総仕上げです。

ところで、今、日本のタオルは進化が止まりません。繊維の織りかた、糸と糸の組み合わせ、新素材…ものすごい勢いでふわっふわ具合が多様化しています。

タオルのことがよくわからなくても、がっしり派か、ふわふわ派か。基本の好みや洗濯のしやすさを検討すると、実用性のある一枚にたどり着けますよ。

わたしのために極上タオルを用意する

肌ざわりを決めるのは、タオルのループ（糸の輪っか）です。その長さによって、ふわふわ派とがっしり派に分かれます。

ふわふわ派	VS	がっしり派
ループが長い 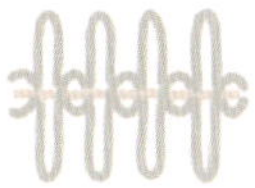	特徴	ループが短い 
しなやかでボリューミー	肌ざわり	しっかり堅め
すこし毛羽落ちが出やすい	洗濯	へたりにくい
マイクロファイバー（化繊）は速乾性がよい	速乾性	厚手はやや乾きにくい
ガーゼタオルは吸水性が○	吸水性	ワッフル地は吸水性がいい
「無撚糸《むねんし》」「甘《あま》撚《よ》り」はふんわりした糸の呼称。商品説明に記載してある。	買うときキーワード	「ホテル仕様」と書いてあったら業務用でしっかり使えるという意味。

極上をちょっと演出

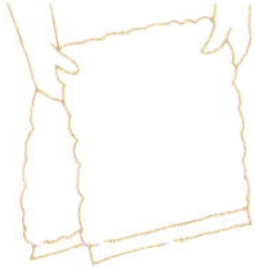

洗濯でふっくらさせる

干すときに二ツ折りにして真ん中をもちパタパタ振ると繊維が戻ってふっくらします。

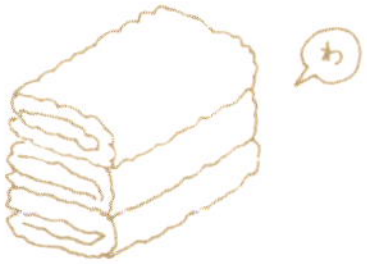

置くときは「わ」を前に

「わ」を手前にして置くとタオルが整って見えます。ホテルのようで気分がいい。

入浴前に着替えをセット

タオルと着替えをセットして洗面に置く。あがったとき、自分におもてなし感。うふ。

セルフでもみもみ

先日、座り仕事のわたしがぞわっとすることを聞きました。「終日、座り続けるのは、喫煙に匹敵するほどのリスク」、という研究発表が各国で相次いでいるのです。下半身に血流がたまると血液がどろどろに、代謝も落ち病気へのリスクが高くなるのだそう。こ、こわ。

仕事中は1時間に1度立ち上がるだけでも負担がへるようなので、まずは座り続けないよう気をつけています。そしてお風呂タイムの前後にマッサージ。

タイで古式マッサージを受けたときも、大半は下半身の施術をしていたなと思い出し、下半身の二大ポンプ、ふくらはぎと太ももをもみほぐし。お風呂のついでのケアでも、しない日に比べて、からだが軽くなるように感じます。

まわしながら、痛いところで5秒とめて、筋を伸ばします。

入浴前

首をゆっくりまわす

下半身じゃないけど、首も固まっています。右まわり、左まわり、ゆっくり首をまわしてほぐします。

入浴中

ふくらはぎをもむ

足先で滞った血流を心臓へ戻すイメージです。逆流させず下から上へ、一方通行でもみます。

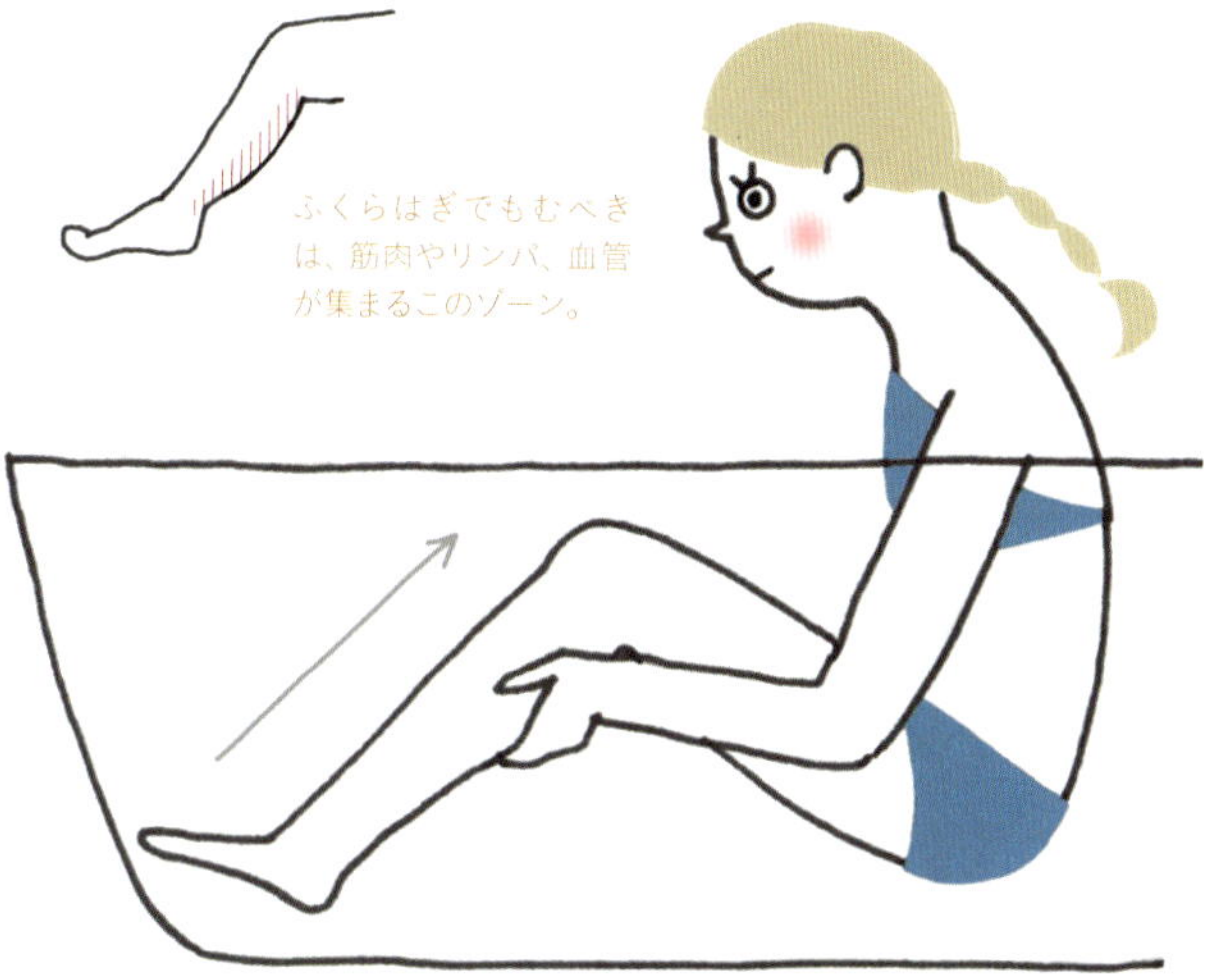
ふくらはぎでもむべきは、筋肉やリンパ、血管が集まるこのゾーン。
ふくらはぎに手を添えてそのまま上へもんでいきます。親指に力を入れると気持ちいい。

入浴後

太ももの裏を伸ばす

足を開き、両手をそろえて体を前に倒します。右、左と体を揺らしながら、手前から奥へ進むと、太ももの裏が伸びる感じです。

足を広げたらからだを前に倒してストレッチ。
両手をそろえて左右に揺らします。
90°くらい

浴室リッチ化計画

「はあ、久しぶりの湯船もいいなぁ」と見渡した浴室。スパとまでは言わなくても、ちょっとリッチな浴室だったら、うれしいですよね。

マンションに多い白っぽいユニットバスは、アイテムも白でそろえて清潔感を出すのが定番。もちろんそれも悪くないのですが、ビターな濃色にすると、浴室がモノクロ・インテリアのような大人っぽい表情になります。もともと、白っぽい空間は平面的でのぺーと見えがちなので足下に色を足すと引き締まる、というのがインテリア術のセオリー。それを浴室でもやるのです。

いつもの浴室でラグジュアリーが味わえたら「今日も頑張ってよかった」と心も満たされます。

ビターなカラーでリッチにします

注目は、この3つのアイテム。全部を変えなくても、足元を中心にビター色を入ると重厚感が出てリッチな雰囲気に。

これを検討してね

ボトルとラックはどちらかをビターに

ラックが白ならボトルは茶、というふうにどちらかを濃色に。

イスと風呂桶はおそろいの濃茶に

印象の軽い濃茶がオススメ。桶はコンパクトな手桶が使いやすい。

吊す系アイテムはタオルをビターに

ボール形状（左）の黒は清潔感に欠けるので色はタオルにお任せ。

浴室がかっこよく見えるグッズ3選

かっこよく見えるポイントは、①インパクトのある見た目 ②ビターな色づかい ③潔く大人っぽい雰囲気。ひとつでも変化が味わえる、切り札アイテムです。

1
recommend goods

モノトーンのパッケージ

詰め替えボトルと並べたい

浴室界のイケメン。インパクトが強いのでひとつ置くとクールな印象に。

『Aesop』『Marks＆Web』『compagnie de provence』などはモノトーンパッケージ。

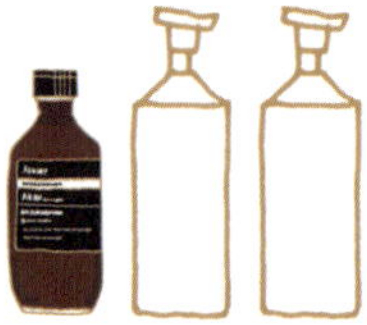

いつものボトルの横に並べるだけでかっこいいオーラが出てきます。

Q 白で統一した浴室に足すなら？

ひとつ追加するなら、モノトーンパッケージがオススメ。中身が見えない、モノクロラベルが合います。

3
recommend goods

土のいらないグリーン

上から吊して眺めたい

浴室も天然のモノが入ると
無機質な雰囲気が和らぎます。

たとえば、葉が個性的な
ハンギングタイプのコウモリラン。

壁にフックをつけ、天井から全長
35〜40cmになるように吊します。
眺めながら、湯船に入って。

2
recommend goods

ダークなボディタオル

ぼんやり浴室がきりっと締まる

のっぺり壁のアクセントになるのが
濃色のタオル。

吊すとタペストリーのように
壁を引き締めてくれます。

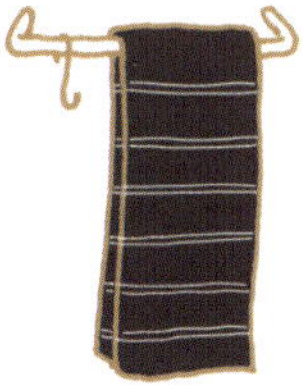

だらっとかけるとかっこ悪く見えるので
二ツ折りでタオル掛けにセット。

脱衣スペースビフォーアフター

会社で突然のメール。「打合せ、1週間、延期になりました」。スケジュールがぎっしり詰まっているときなら、余裕ができてほっとしますよね。

これ、室内も同じなんです。

モノがぎゅうぎゅうに置かれたところへ「空き」ができると、気持ちにふっとゆとりが生まれます。モノがへった分、整頓されたようにも見えて、気持ちよさが倍増。

うちの洗面、落ち着かないなと思っていたら「空き」が足りてないのかも。すこしのモノ移動で過ごしやすくなりますよ。

洗面を快適にする「空き」の作りかた

手の届く位置に「空き」があると、バスタオルや着替えの仮置きがしやすくなります。モノがスムーズに置ける＝窮屈さがへって快適に。

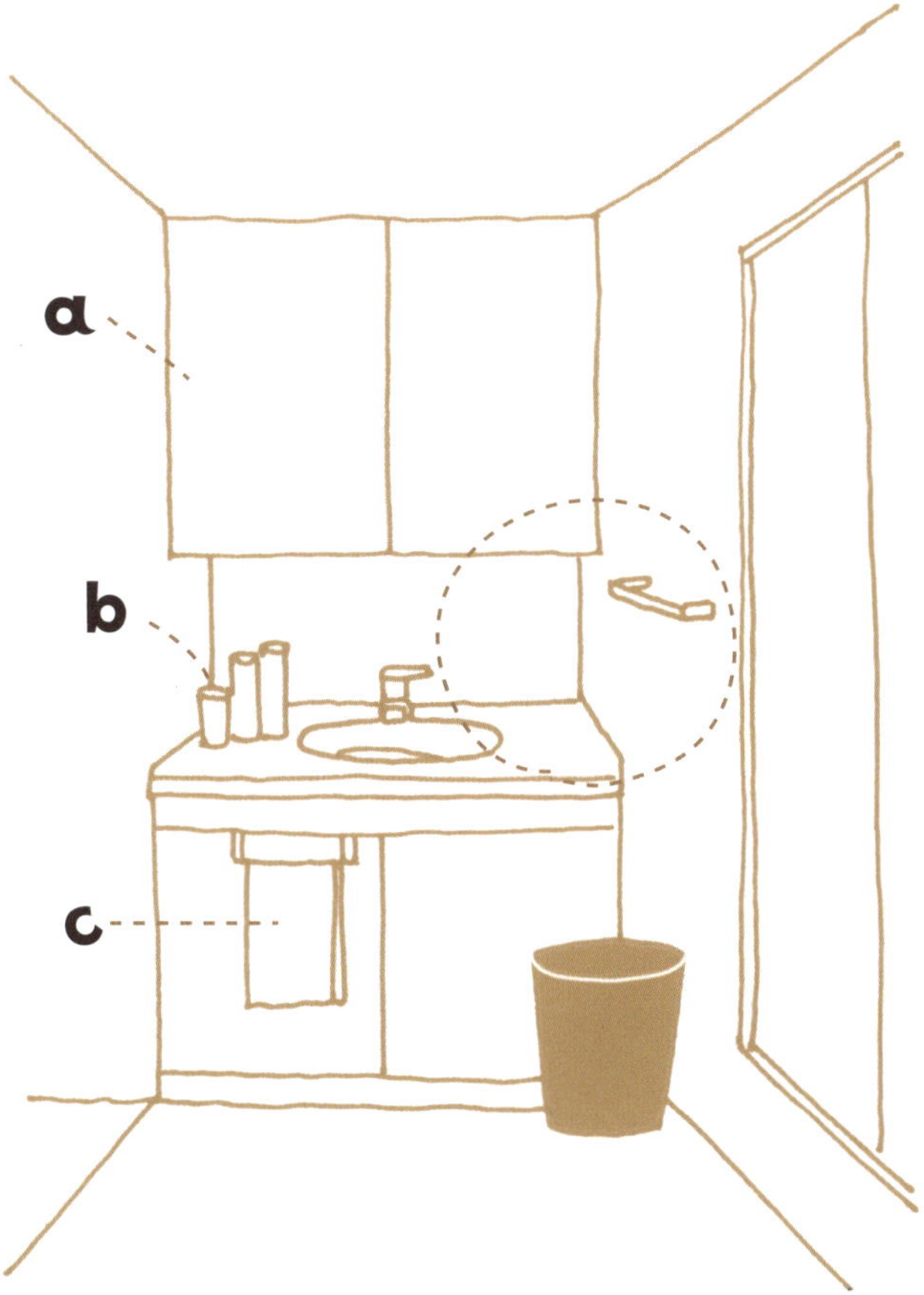

浴室ドアの近く（ここでは右）の天板と壁に「空き」をつくります。

これで、できるよ

c

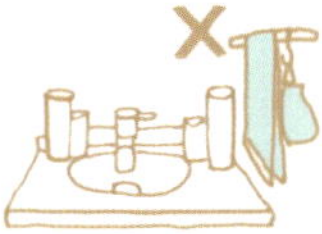

タオルの位置を変える

洗面ボウル横のタオルもやめると空き発生。自分でタオル掛けを用意し腰下へ移動。

b

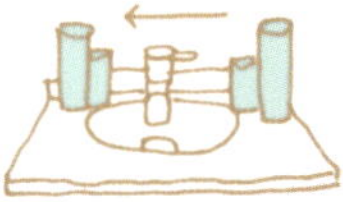

置き場所を１箇所に

洗面ボウルの左右に置いたモノを片側に集結。これだけで天板がかなり空きます。

a

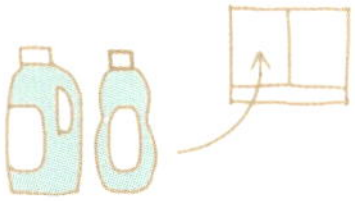

とにかく中へ入れる

便利かなと出し置きしているモノをできるだけ扉の中へ。しまえばどんどん空きができます。

ジミーな洗面所にマット

狭くても「かわいい」と感じられる洗面所なら、髪を乾かすだけの時間も、ふふふんと気持ちがあがります。

着替え、歯磨き、洗濯…モノが混在して、何を飾っても目立ちにくい洗面所ですが、洗面マットなら無敵です。大きな面積で床にインパクトを与えつつ、色や柄で個性がつけられます。わぁ、かわいくなった、が実感できますよ。

わが家にぴったりなマットの見つけかた

個々の好みはさておいて、モノが多い、狭いといった「洗面所の様子」からマットを選んでみましょう。サイズは洗面台と同じか、それより大きめがベスト。

狭い洗面

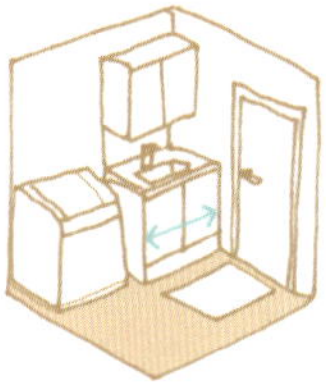

無地の白マット

白の面積が増えると、広く感じます。織りがあると、白でも単調に見えません。

モノが多い洗面

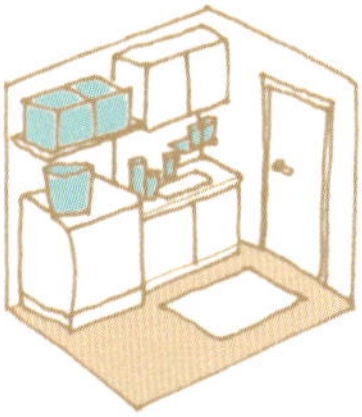

単色のカラーマット

雑品よりも目立つので、視線がマットに集まります。カラーでなく濃色でもOKです。

がら〜んな洗面

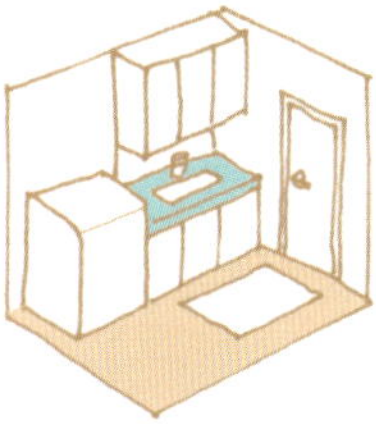

単色の柄ものマット

物足りなさを柄が埋めてくれます。柄 × 色だと子どもっぽくなるので単色モノトーンで。

これを足すと、さらにカワイイ

床にカゴなど自然素材

味気ないフロアタイルに温かい雰囲気が加わりますよ。

マットと同色のアイテム

同じ色のモノを増やすと、さらに統一感が出ます。

試供品ケアナイト

なぜだかシャンプーや美容液の試供品って「いつかのために」と大切にとってあります。使ってください、と言ってもらったものなのにね。

気持ちの塞ぐ日は、そんな試供品をひとつ開けていつもと違うケアをしましょう。深酒ならぬ、深手入れです。「わぁいい香り」、目先が変わると気分を塞いでいたフタも空きますよ。

引き出しを占領していた試供品がなくなるとさっぱり。

いつもはポーチにひとまとめ
今日はこの中から思いっきり使おう！

最後にちょいぴか

あ〜気持ちよかった。と洗面所を後にするとき、振り返ってひとこと、じゃなくてワンアクション。小さな掃除をしておきます。掃除未満のことだけど、これで、翌朝に使うわたしが気持ちいい！

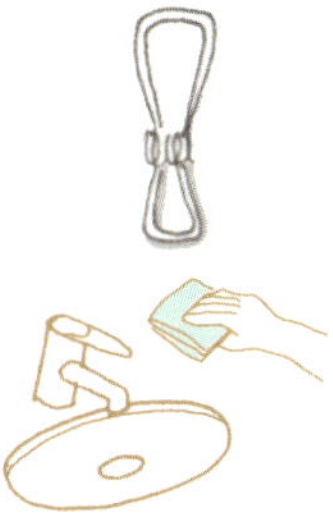

さっと拭いて蛇口のくすみ取り

ペーパーで拭いて、落ち髪と一緒にポイ。

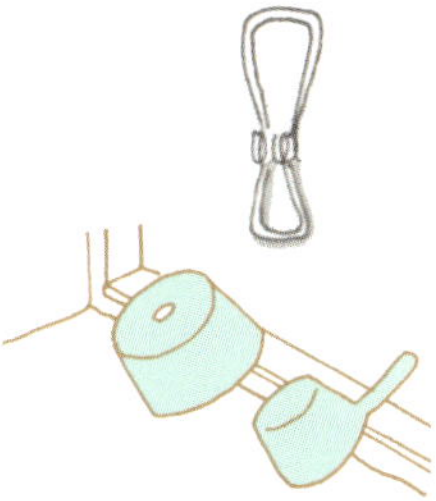

道具の斜め置きで風を通す

斜めにすると、風が通って熱がこもらずカビが防げる。

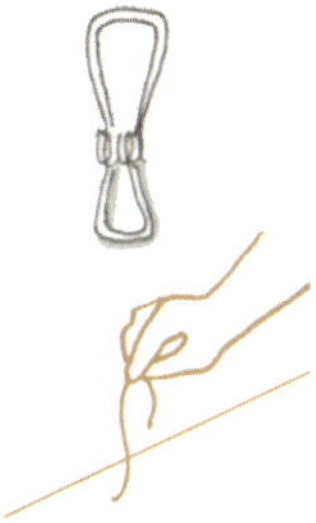

溜まる前に床の落ち髪チェック

知らない間に落ちているので、ひどくなる前に対応。

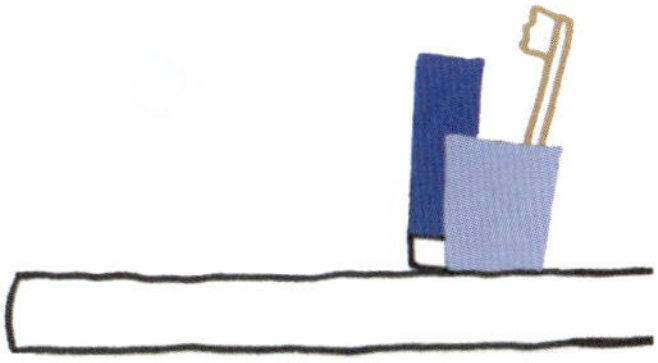

わたしのよもやま話 COLUMN

落ち込んだ日の入浴方法

すごーく落ち込んでいる日の入浴用法はこう。

湯船で仰向け。

からの、浸水。

目を開けると、さらに増す、非日常感。

はちゃめちゃなことをしたら、悩んでいる自分がバカバカしくなって落ち込んでた気分もちょっと吹き飛びます。

湯船よ、ありがとう。

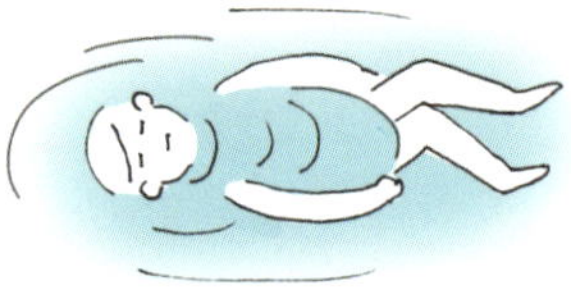

はあ、さっぱり

「働く外の世界」は、どんどん合理的でムダがなくて、ミスのない世界になっています。それはもちろん正しいことなのだけど、まじめな女性はそれに順応しようとすごく頑張って、頑張りすぎているんじゃないかなぁ。

だから、せめて家でいるときくらいは、自由、気ままに、バカバカしいこともしたらいいと思うんです。行き詰まった空気を抜いたら、新しい空気も入りやすくなりますよね。

3
CHAPTER

キッチン＆ダイニング

つくる 食べる

よくかんで食べる。今日はそれだけで満点、だ。

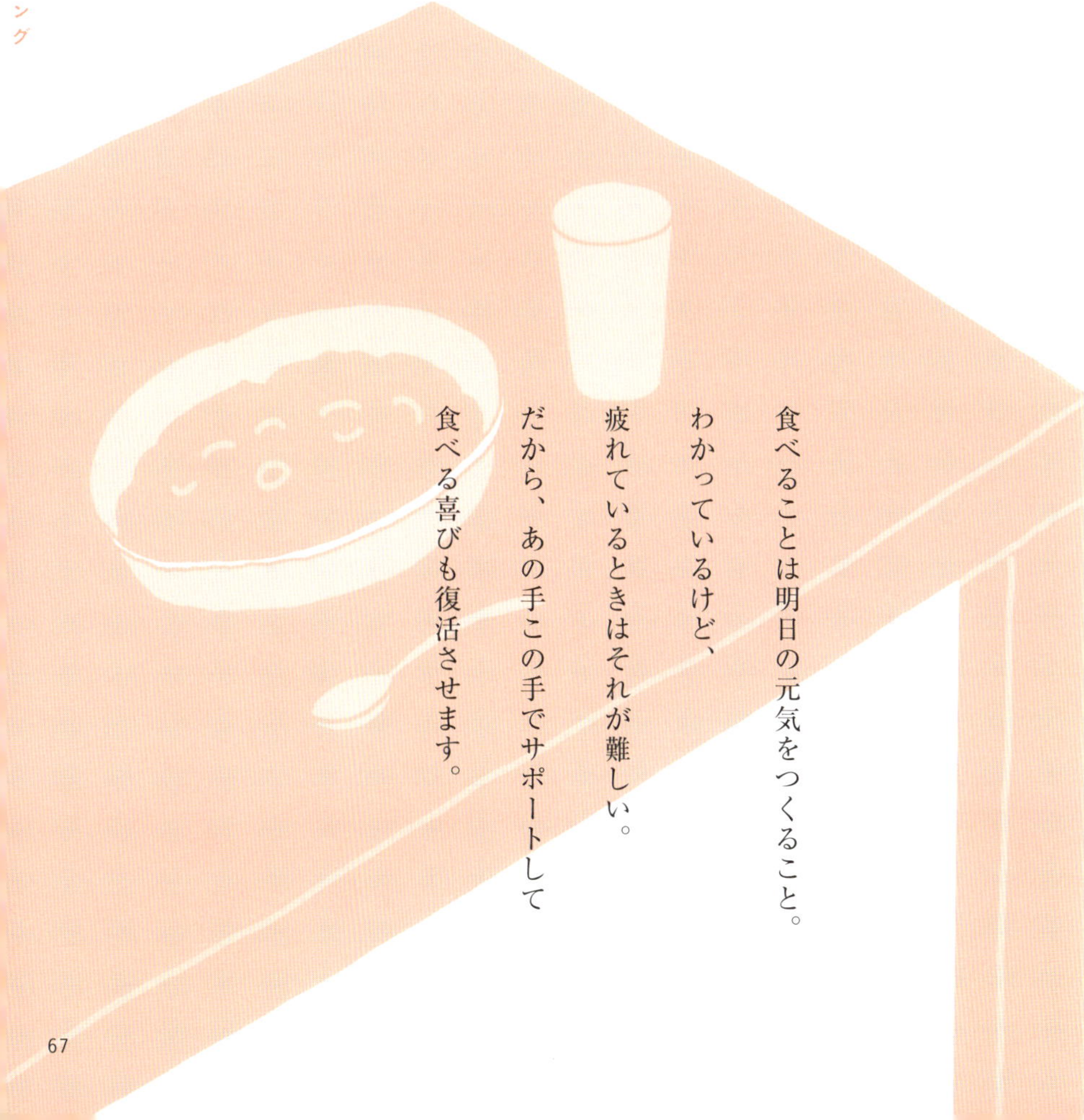

食べることは明日の元気をつくること。
わかっているけど、
疲れているときはそれが難しい。
だから、あの手この手でサポートして
食べる喜びも復活させます。

お助けレシピ

夜遅く、へろへろになって帰ってくる日は、ごはんをつくるなんて夢のまた夢。もぐもぐ口を動かして何かを食べることさえ面倒に感じます。

足りない時間と、頼りない食欲、その両方を救ってくれるのがお助けレシピです。重くないけど満腹感のある中華がゆ

ザ・重宝食材！　週末につくり置き

鶏ハム

つくりかた：①前日、ビニル袋に塩・砂糖を大さじ1を入れ、鶏胸肉2枚を入れて一日おく。②①を円筒になるようラップで包み、沸騰したお湯で3分煮る。③フタをして鍋のまま一晩おくと完成。

手軽！　夜に仕込むと朝、出来てる

中華がゆ

つくりかた：①沸騰した水1.5ℓに、ごはん1合を入れ、塩と粉末鶏ガラスープで味をつける。③3分ほど煮て火を止め、フタをし鍋のまま一晩、余熱で朝には完成（暑い時期は傷ませないよう気をつけて）。

パンしかない日も
サンドイッチに格上げ。

ナンプラー数滴。
パクチーをたっぷり乗せて。

サラダだけの日も
タンパク質を補給。

卵と炒めた豚肉を入れると
がっつり晩ごはんに。

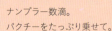

応用力！　カレー以上の有り難さ

ミネストローネ

つくりかた：①ニンニク、トマト缶1缶、玉葱半個でトマトソースをつくる②野菜を2cm 角に切り炒めたら、水 1ℓを入れて煮こみ①を入れ、砂糖・塩で味を整える。

は夜遅くても食べられるし、ミネストローネは手軽に野菜が補えます。

夏でも冬でも、温かいメニューは胃腸に話しかけてくれるような優しさで、からだも早く回復します。疲れているときこそ、食べて元気に！

チーズ＋ごはんで
リゾット完成。

パンだけ食べる日も
野菜がプラス。

色で、おいしそう増し

かけそばに、刻みネギというグリーンの仲間が加わると、見た目の「おいしそう度」がいっきにアップします。小さなグリーンでも印象をあんなに変えることができる、これが色の効果です。

たとえば、昨日の残り物でも鮮やかな色のランチョンマットを敷けば、新しい料理のように感じます。色のついたお皿に料理を盛ると輪郭がハッキリして疲れた目にもおいしそうに映ります。

大きい食器は手が出にくいけど小鉢を足すくらいなら気軽では？　小さくても効果のほどは例の刻みネギで証明済み。ぜひ、おひとつ。

お手持ちに差し色はいかが？

冴えない晩ごはんの日も、彩りの器やトレイがあれば食卓を盛り立ててくれます。小鉢、マット、トレイ…サブアイテムがひとつあれば手持ち食器も華やぎます。

赤いマットで食欲刺激

元気の出る赤は、おかずの茶色とも合う色。にぎやかすぎないよう、無地で。

白い食卓に瑠璃色のアクセント

青菜の緑と相性のいい瑠璃色。白い食器と合わせるとさわやかな食卓になります。

プラスチックお皿には木目の色で優しさを

木目はどんな食事も雰囲気よく見せてくれます。木目は濃色より淡色が使いやすい。

ピクニック晩ごはん

自分でごはんを作っていると、同じような時間に、同じようなメニュー、そして同じような味。あー、あきちゃうよ。

そんなマンネリ感を打破してくれるのが、「ピクニック晩ごはん」です。トレイに晩ごはんを乗せたらすきな場所へゴー。景色が変わると、おなじみの食事内容も新鮮に思えて、食べることのワクワク感が蘇ります。

用意するモノ

①メインの晩ごはん：ワンディッシュなら食べやすい。
②お箸・コップ：いつもの愛用品をトレイに乗せます。
③トレイ：全部が乗る、幅40cmくらいがオススメ。
④お茶ポット：あればキッチンに戻る手間が省けます。
⑤食後のおやつ：食後のお楽しみもセットして。

in kitchen

できたものを どんどんつまみながら

調理の場所で食べる、ライブ感。気分は女性シェフです。来週の作り置きを用意しながら、手の込んだ料理をつくりながら、の日に。

near balcony

クッションにもたれて のーんびり食べます

開放的な場所で食べると、それだけで気分がほぐれます。夏は風を受けて、冬はきれいな月を見ながら。

on sofa

サッカーを見ます 観戦気分で、晩ごはん

お行儀の悪い格好は、痛快な気分になります。自分の家だから、たまにはハメを外してリラックス。

食べる前に句読点を

「食事の時間を大切にしたい」「ゆっくり味わって食べたい」誰だってそう思っていますよね。だけど慌ただしくていつも時間に流されるように食べてしまう。

そういうとき、わたしはできあがったごはんを前に、15秒ほど目を閉じて、手を合わせてみます。お祈りと呼ぶほどではないけど、長い「いただきます」といった感じで「今日頑張った」

「いろいろあったけど、ごはん、ごはん」…と思い浮かべます。ここにあらずだった心が帰ってきたようで、目を開けたとき、あたまの中がしんとしずかになっているのを感じます。

　トン。手を合わせて目をつぶる、それだけでも慌ただしさに句読点がうたれ、どんどん流れていく時間から自分を取り戻すことができる気がします。

ほっとする食卓に

床に低いテーブル、ラクな姿勢

床座りの食卓

床の荷物は目の前に広げずベッド脚側のスキマにまとめて。
生活感のあるベッドをクッションで隠すと食卓らしい雰囲気。

人のからだってすごい。ものを食べてゆっくり消化するとそれだけで自動的にリラックスする仕組みなんですって。この機能が働けば、毎日ごはんを食べるたび小休みが取れますよね。

ポイントは、胃腸がちゃんと働くようにゆっくり食べること。テーブルから荷物をどけて座る位置を変るだけでも、ほらほっとする食卓に変わります。ここで食べれば食事だけが目に入って、自然とゆっくり食べられそうです。

ダイニングテーブルに座って

イスの食卓

使っていないイスに
荷物を逃がして。
背の高い家具が目の
前にあると圧迫感が
出るので背を向けて。

会話が弾むL字座り

会話のある食卓はそれだけで充実。L字に座ると話しやすい。

景色のいい方向に座る

見通しのいい場所は開放感があって、ゆったりします。

「何もない」テーブルで

雑品をよけて何もないテーブルにすると落ち着きます。

テーブル映えする壁のアイデア

絵をかける

木製フレームに入れると
食卓に「品」が加わります。
大きく壁が空いていたら
A4くらいが見映えします。

メインの絵と色を合わせて
ハガキや切り抜きを飾ると、
こなれ感が出ます。サイズは
大小にするとバランスがいい。

カフェやコーヒーショップに掛かっている絵は、何気なく過ごすお客さんのための「目の止まり木」でもあります。目の止まるもの、何か見るモノがあると、真っ白な壁より長居しやすくなるんですよね。

もしテーブルの前に白い壁があったら、何か飾ってみましょう。気持ちもほっと和むし、テーブルでの時間もゆったり心地よくなります。

小棚を足す

スピーカーや好きな花瓶を置いてミニギャラリー。棚位置を低めにすると乗せたモノがよく見えます。

棚は、賃貸でもOKな無印良品の『壁に付けられる棚』などを利用して。奥行きは12cmで。

グリーンを垂らす

車窓を眺めるように、小さな自然を見ながら食事。グリーンはボリュームがあるので高い位置から吊して。

植物はエアプランツのスパニッシュモスやユーカリのドライフラワー。麻ヒモで結びピンで留める。

今夜はひとり飲み

いいワイングラスは、香りが充満するドームのようになっています。鼻を近づけると、飲むときとは違う香りがして奥が深いなと思います。

家飲みだから何をどんなグラスで飲んでもいいけれど、いつも楽しむお酒には専用のグラスがひとつあってもいいですね。

棚からグラスを出して、おつまみをそろえて、準備している段階からもうワクワクが始まります。

トリムのないワイングラス

トリム（持ち手）のないグラスはどんな飲み物にも合います。わたしは夏のモヒートから冬のワインまで、これひとつで愛飲。

これもあると、家飲みが楽しい

マドラー

混ぜる動作がかっこよく見えるマドラーを。

おつまみ用小皿

縁の立ち上がった平底皿なら和洋に合います。

せっかくなので

すてきなグラスで盛り上げます

ワインを飲むなら
ビールを飲むなら
ウィスキー系なら

気分があがるワイングラス

赤ワインなら底広、白ワインならやや細身、が基本です。品種によってさらに細かい適性もあるけど、はじめは基本でOK。

うすはりのグラスで

薄いガラスという意味の「うすはり」。食事と一緒に楽しむ場合、軽いグラスだと手が疲れません。きりっと冷やして食卓に。

ロックグラスでちびり

飲み口が広く、背が低いのが特徴です。ずしっと重みのあるグラスで飲めば、家に居ながらバー気分。

キッチンでひと休み

「私がこの世でいちばん好きな場所は台所だと思う」で始まるよしもとばななさんの小説『キッチン』。うん、そうそう、とうなづく人も多いでしょう。

キッチンは「つくる」「食べる」、人の活力となるプラスのエネルギーを生み出す場所。だから、そこに居るだけで、見えない元気が心に充填されていくように思います。

ゆっくり料理ができる日は、この時間こそを満喫したい。ぐつぐつ大根が煮えるまで、ほかほかマフィンが焼き上がるまで、料理本を見ながら、近くに座ってまったりしましょう。

キッチンをお部屋化しよう

お部屋化すると、キッチンもまったりできる居場所に変わります。座る場所がある、がいちばんのポイントです。

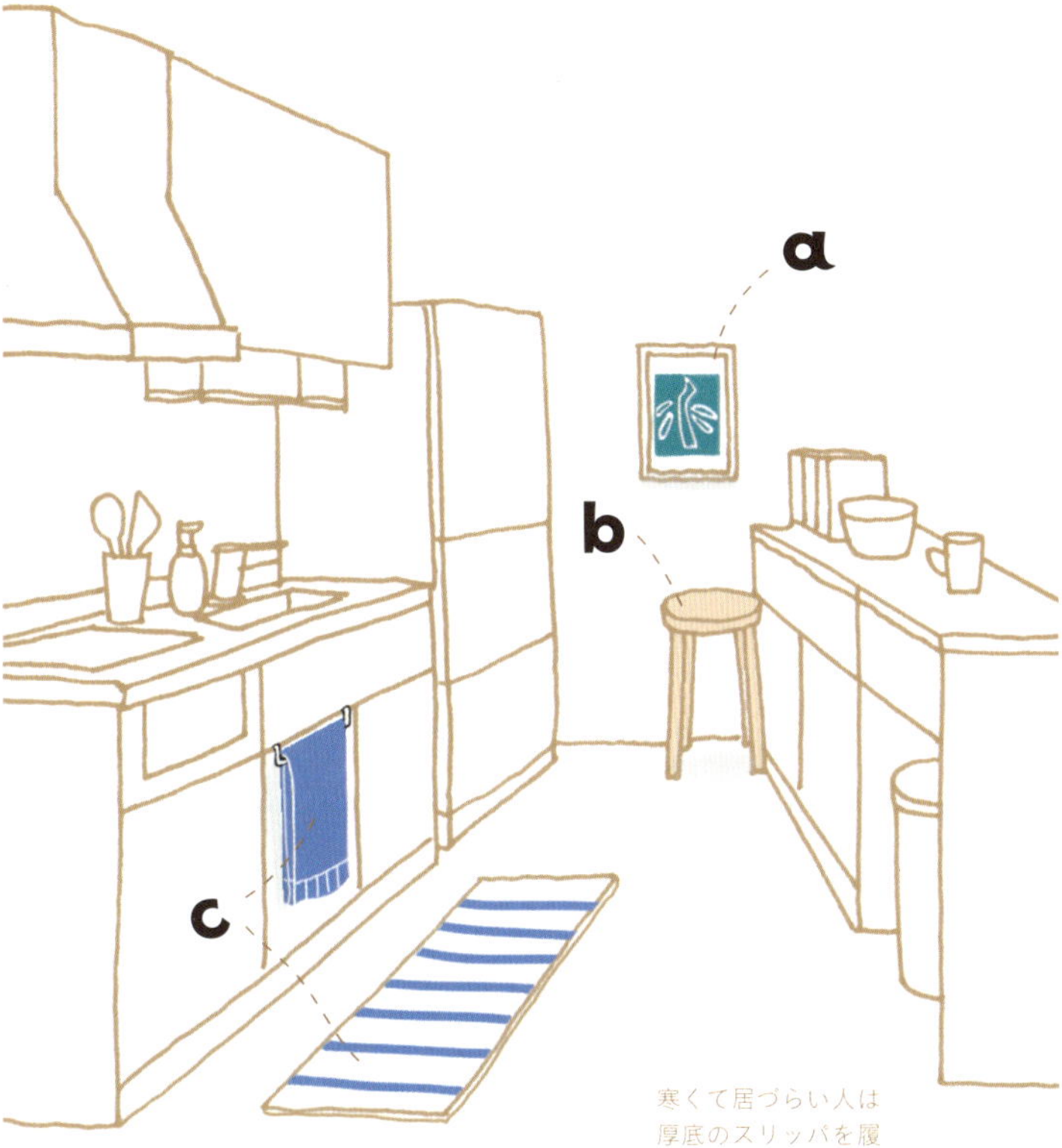

寒くて居づらい人は厚底のスリッパを履くと過ごしやすいよ。

こんなのを足してね

c

雰囲気をまとめるお揃いファブリック

マットとタオルをそろえて、お部屋感を強調。

b

過ごしかたが広がるスツール

座る場所にも、荷物置きにもなる、小さいスツール。

a

壁を飾って第一印象を変える

火から遠い壁にすきな切り抜きやチラシを貼ります。

ひとつあると いいかも、ガイド

あれこれ増やせないキッチンだけど、これがあると雰囲気があがる！　レパートリーが増える！　毎日のキッチン生活にハリが出る、オススメガイドです。

撹拌で調理が広がる

ブレンダー

撹拌という、手じゃ到底しないであろう作業をさくっとこなしてくれるのがブレンダー。レパートリーが増えます。

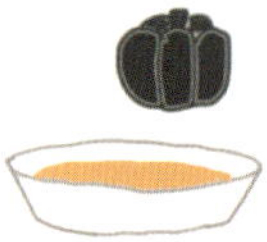

カボチャのポタージュ

手製マヨネーズ

ミックスジュース

気が利いている、充実感

フタ付きガラス容器

ささやかなことほど気が利いてるとうれしいもの。保存容器として使うことが多いなら角型を、お皿が多いなら丸形を。φ10cm未満で。

アイスをちょい盛り。

薬味を食卓へ。残ったら保存。

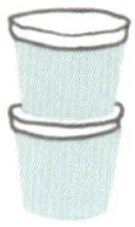

そろえて冷蔵庫の整理に。

切ってそのまま食卓へ

木製カッティングボード

まな板としてもサーブトレイとしても使える木製ボード。ひとつあると雰囲気があがります。細身で長さが30cmほどあるとカッコイイ。

パンをのせて出す。

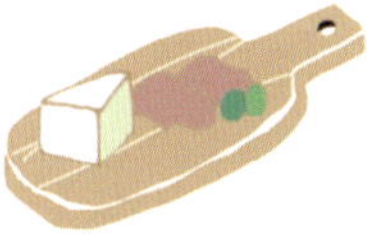

おつまみを並べて。

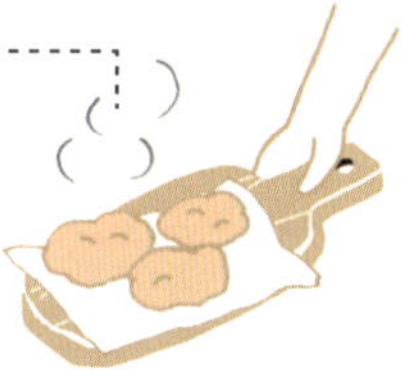

調理中、移動しやすい。

いつでもフレッシュで楽しめる

鉢植えバジル

「スイートバジル」(100〜200円で販売)は、育てるもよし、食べきるもよし。わたしはキッチン脇の窓で育てつつ数週間で食べきります。

バジルペーストのつくりかた

バジル10枚をニンニク、塩と一緒にすりつぶす。オリーブオイルでのばせばできあがり。

最後はバジルペーストに。

トマトソースの上に。

サラダに乗せて。

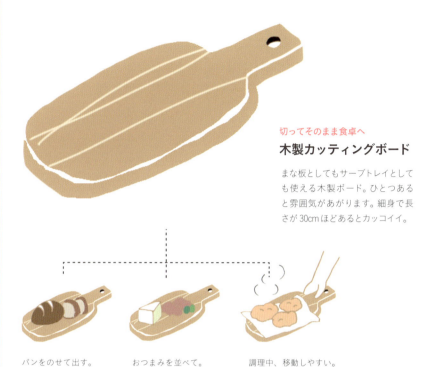

さぁーて、かわいく

キッチンをもうすこし好きになれたらいいな…と、願うかわいいあなたには、詰め替えをオススメします。人気の理由は、失敗がないところ。ビギナーズラック確定なアイデアです。

ただひとつルールがあります。それは、同じ瓶をそろえて置くこと。それによって規則性が生まれ、バラつきやすいキッチンにまとまりをつくってくれます。

カウンターやキッチンの目立つ棚に置きたい場合は、中身を粉類よりシリアルやショートパスタ、ナッツ類にするとかわいいですよ。

並べ終えたら、近くからだけでなく遠くからも眺めて、にんまりしてください。かわいくなったキッチンに心が躍ります。

あなたに合う瓶はこれ！

うちにはどんな瓶がいいの？　という皆様へ。詰めたいモノの量、もしくはキッチンの雰囲気（モノが多い…）から考えると選びやすいですよ。

キッチンがにぎやか

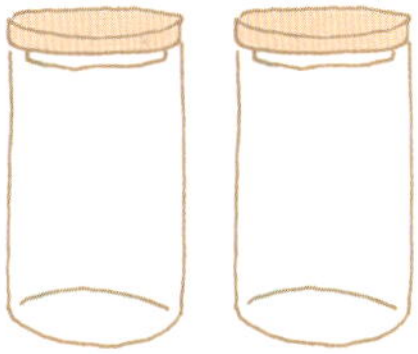

パッキンのついた木製フタタイプはモダンなカタチ。モノが多い場所でもうるさく感じません。

キッチンが寂しい

おなじみの留め金タイプ。ごつめのフタが寂しげなキッチンにボリュームを足してくれます。

「大」～「小」を入れたい

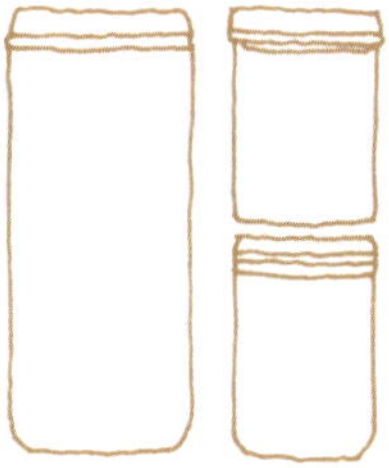

大量の粉類から少量のスパイスまで入れたい場合は、モジュールが統一されたタイプを。すっきり納まります。

大容量で詰めたい

5 kgのお米や果実酒を入れる場合は、量が多いので寸胴タイプになります。

詰め替え、3原則

サイズの目安

ショートパスタ1袋 =1.5ℓ、お米 5 kg =7ℓの瓶。砂糖・塩は高さ15～20cmが使いやすい。

完全密封のガラス製を

ネジタイプのフタより、パッキンのついたフタのほうが密閉性が高くオススメです。

3つ以上並べると◎

2つでも OK ですが、3つ以上並ぶと統一感が増して、秩序のあるきれいさが出ます。

朝ラク夜ラク冷蔵庫

毎日の小休みのため、小さな家事はできるだけ手早く終わらせたいもの。冷蔵庫の食品管理もそのひとつです。

冷蔵庫のラクを叶える、ルール1は、トレイ使い。同じ用途のモノをまとめると、出し入れする手間、探す手間が省けます。なかでもわたしが心底、便利だと思うのが「すぐ食べるトレイ」。目につきやすい下段にB5サイズの平トレイを置き、そこへ半分残った玉ネギやお豆腐など、すぐ食べるモノを入れる。どこにあったか探すことがなく、腐らせることもありません。

ラクになるルール2は、モノを置く位置。出番の多い・少ないで定位置を決めておけば、反射的に見つけられて、時短になります。

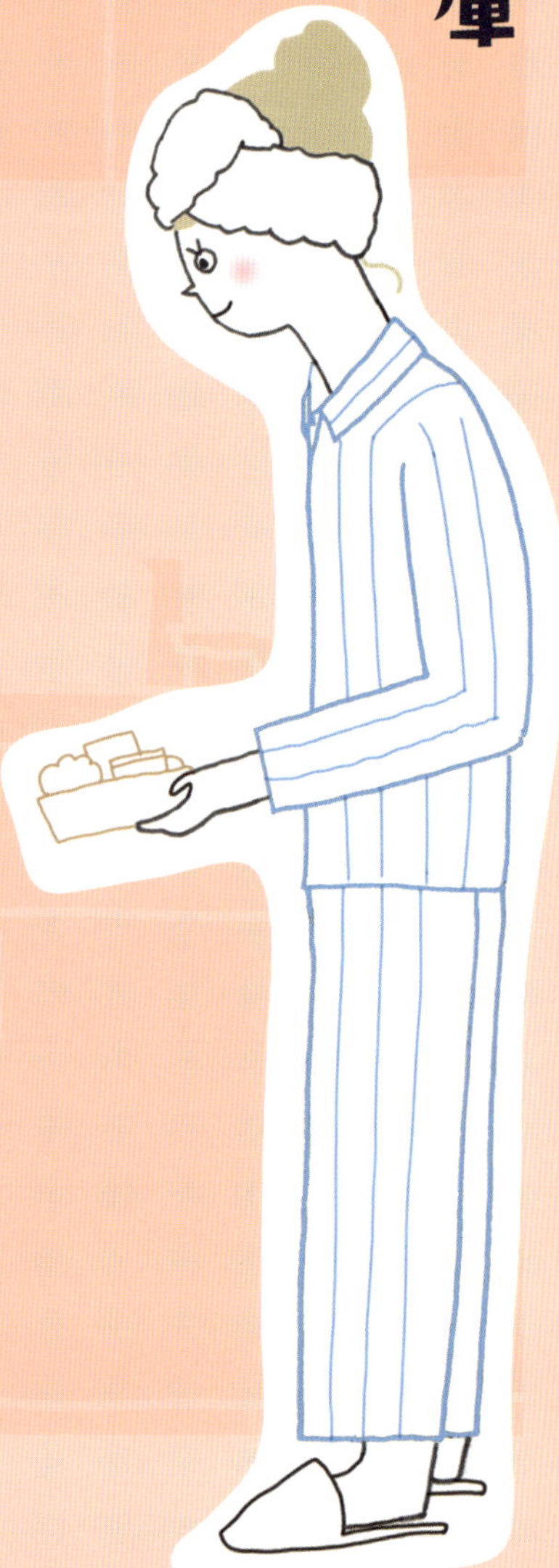

ルール1・トレイ使い

朝ラク

パンやコーヒーをまとめて

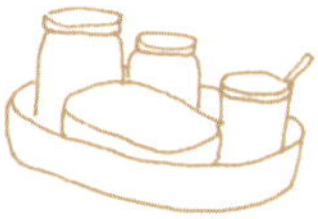

ジャム、バター、コーヒーミルク、集結させればラク。

テーブルに持っていくモノをひとまとめにしておくとこまごま運ぶ手間が省けます。

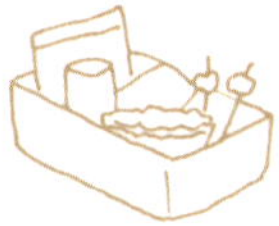

お弁当づくりセット

お弁当に入れる食材、梅干しなどをまとめれば時短に。

夜ラク

調理で使うものをまとめて

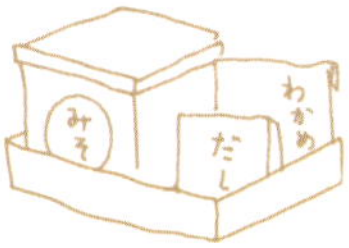

みそ
だし
わかめ

味噌汁トレイ

近くに置くだけでも、さっと出せて調理がはかどります。

調理のとき一緒に使うモノやすぐ食べるモノをまとめてセットしておきます。

すぐ食べるトレイ

数日で食べきるモノをトレイにまとめて目立つ場所に。

ルール2・位置を決める

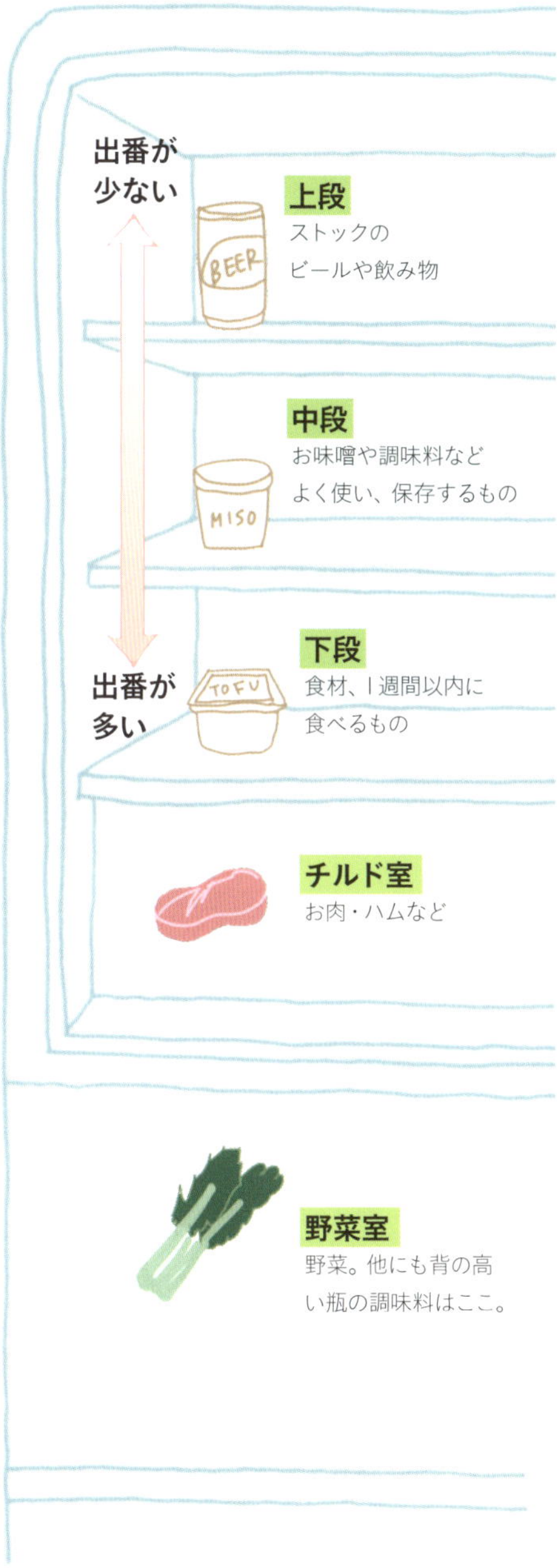

出番が少ない
出番が多い
BEER
上段
ストックのビールや飲み物
MISO
中段
お味噌や調味料などよく使い、保存するもの
TOFU
下段
食材、1週間以内に食べるもの
チルド室
お肉・ハムなど
野菜室
野菜。他にも背の高い瓶の調味料はここ。

明朝のためにこざっぱり

すごく疲れた日は、キッチンの片づけをびしっと終えて寝るなんて夢のまた夢。サボりたい。でも何とか頑張るか…と最後の力を振り絞れそうなら、シンク、テーブルトップの2箇所だけきれいにしてみてください。

キッチンでいちばん汚れやす

1

シンクでは ふきんを「ぴしっ」と

こざっぱりが最も感じられる場所。まずはここをきれいに。ふきんを洗ったら広げてシンクへ。角を正すときちんと感が出ます。

くて目立つ場所だから、出しっぱなしを元に戻す、ふきんで拭く、それだけでも、こざっぱりが実現します。

掃除は「裏切り」がないのがいいところ。お料理は思う味にならなかったとか、動いても期待した結果が出ないことがあるけど、掃除は動けば動くだけ、きれいになる。だから、今、頑張った分、いい気分で一日が終えられますよ。

2

テーブルトップのモノは端へ

広く空いていると、それだけでこざっぱり見えます。何もできない夜は出しっぱなしをとりあえず端に寄せて。

3

コンロは余力があれば拭いて

油はねのないコンロは、こざっぱりの最高峰。ここまでできれば 200 点。ふきんで拭くと洗うのが面倒なのでキッチンペーパーでざざっと拭きます。

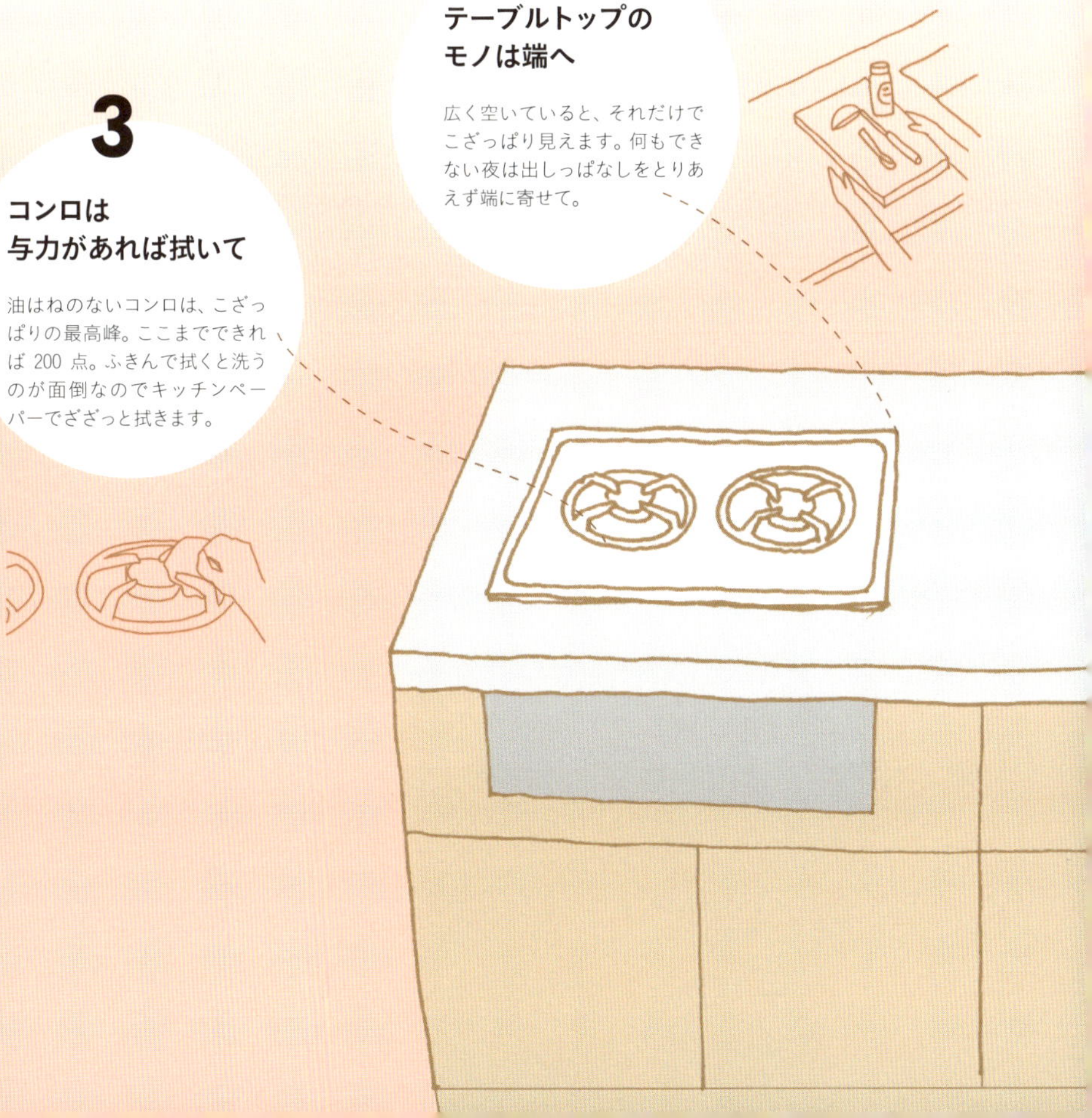

わたしのよもやま話　COLUMN

食生活。わたしのお手本

主人の母は、野菜を摂るのがとても上手。ハンバーグを焼いたら、フライパンの空いたところへナスをぎゅっと詰める。

パスタを茹でたら、小松菜やキャベツを一緒に入れてしまう。

合わせ技で、どんどん野菜を入れていきます。野菜のために一品をつくろうと気負わず「ついでに摂る」からか、野菜を食べるこ

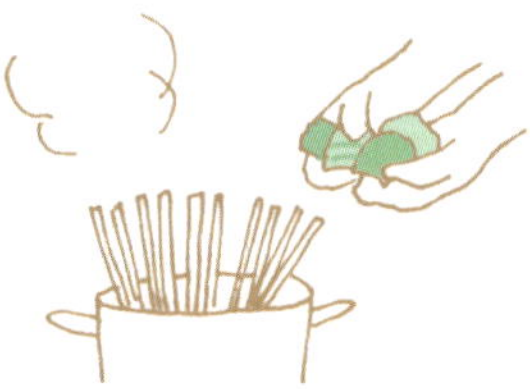

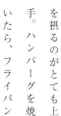

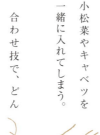

はぁ〜 おいしかった

とが無理なく習慣化しています。

ネットで「これがいいらしい」と情報を仕入れて終わり、野菜料理を覚えなきゃと思うばかりで及び腰。そんな調子だったわたしは、義母の姿勢から「ムリをしないけど確かに摂る」、食生活の肝を学んだ気がします。何も実践しない10個の知識より1個の行動のほうが、ずっとからだにいいですものね。

ちなみに、いろんな食材をバランスよく食べる、が義母の信条。「今日は水泳で○km泳いだ」、「この間まで膝が痛かったんだけど、筋肉をつけたらよくなった」…70歳を越えたのにうらやましいほど、元気です。

4
CHAPTER

リビング

ごろごろ

はぁちょっと時間できた。休憩しよっと。

ごはんを食べたら、なーんにも考えず、
リビングでごろごろしませんか？
面白いものを見てくくっと笑い、
夜風にまったりしたりして…
忙しいと切り取られてしまう
この時間が、元気な心には不可欠です。

妄想・リビングで極上だらだら

もしリビングがきれいになったら何をしよう？　なーんにも考えないでごろごろして過ごす？　趣味を再開？　お友達を呼んでみる？

たとえ妄想でもいいんです。自分の身に起こるいいこと、楽しいことを考えている時間はあたまの中が相当リラックスしているはずですから。

手芸、手帳、ご無沙汰ごとを再開

実家でしてたこと、昔、夢中だったこと、再開できたらきっと楽しい。

ビール飲んで窓辺でまどろむ

一杯飲んで寝転ぶは、だらだらの代名詞！

友達を呼んでごはん

いつも外で遊ぶけど、部屋
に呼んでも楽しいだろうな。

これいかが？

**クロスを敷いて
遠足気分**

テーブルがなくても
大丈夫。クロスを
敷いて皆で囲もう。

カフェ気分。ゆっくりコーヒータイム

ぼんやり時間の傍らにコー
ヒーがあれば何も望みません。

思う存分、本を読む

本やマンガをいっき読み。
思いきり、泣きたい！

落ち着く部屋へゆっくりシフト

家に帰って、すこしできた自由時間。すきな動画を見たり、ネイルをしたり。たとえ短い時間でも充実感があったら、気分がぱっと変わりますよね。

そうした自分がすきなことをしているとき、居心地がよくて落ち着く部屋だったら、「今、楽しいなぁ」って思う気持ちが

もっと大きく膨らむと思いませんか？

「落ち着く部屋」というと、片づけたり、新しいモノをそろえたり大変そうなイメージがありますが、目の前の掃除用品や洗濯物をちょっと移動させる、家事や気持ちをそわそわさせるモノを居場所から外すだけでも実現していくんです。

自分の楽しい時間をもっと心地よく過ごせるように、小さなところからシフトしていきましょう。

ここから始めよう

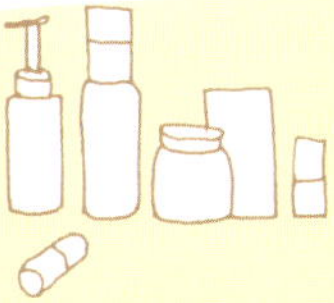

美容グッズは扉の中へ

美容グッズも見た目がにぎやか。扉の中にしまうと、部屋に落ち着きが出ます。

カラフル小物をへらす

かわいくなったら…と置いたカラフルな小物が散らかって見える原因に。数を見直して。

掃除用品を移動

すぐに掃除できるようにと、近くに置くと、家事の気ぜわしさが漂います。物入などへ移動。

部屋のベスポジ探し

まったり過ごしたくても、平日にそんな時間はないよ、という皆さまにお伝えします。端切れのようなスキマ時間でも、居心地のいい居場所があれば充実したリラックスタイムを取ることができるんです。

　ポイントはリビングで座る場所。人は、部屋が見渡せて、自分がちょっと隠れる「こもり感」のある場所に、生理的な落ち着きを感じます。たとえばカフェの席、真ん中より隅のほうが落ち着くのと同じです。

　今、リビングで座っている場所は、見渡しがいい？　「こもり感」はどう？　位置を変えるともっともっと休まりますよ。

ベスポジの見つけかた

部屋全体が見渡せて、ちょっとこもる感じのある場所が居場所のベスポジです。まずはクッション片手に探しましょう。

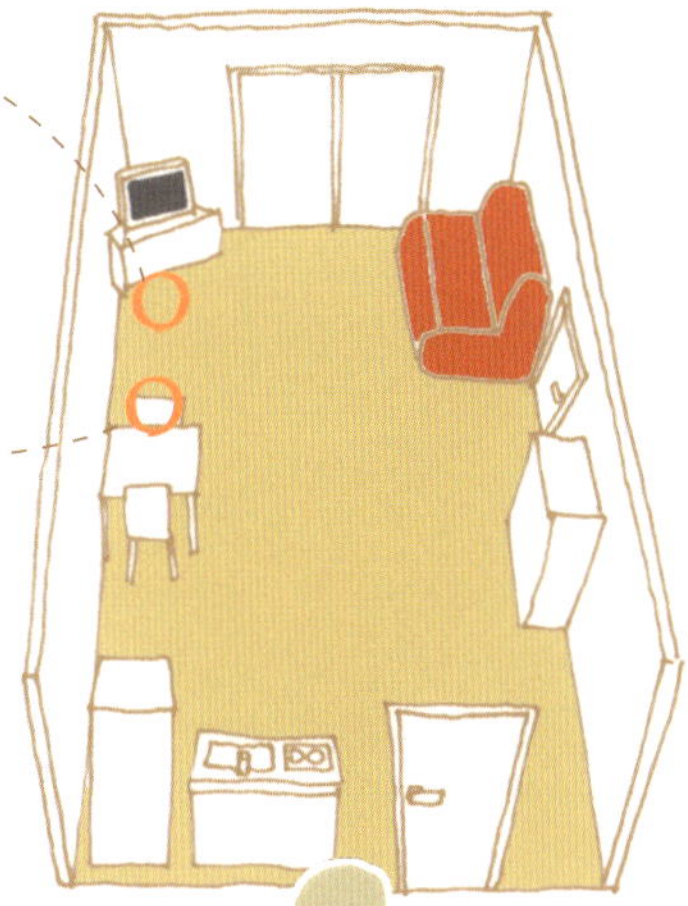

No1. ベスポジ

テレビが置いてありますが、掃き出し窓から外が見え、部屋全体も見渡せる、ここが本来いちばんくつろげる場所です。

No2. ベスポジ

次に落ち着くのがこの辺り。ドアの向かいですが、部屋全体を見渡せるので落ち着きます。

見つけかたの手順

① 部屋の四隅に座って居心地よく感じる隅を探します。

② ドアや通路、人の通り道になっていないか、を確認。

気をつけたいNGポイント

心細くなる、真ん中

こもり感がない。端に寄ったほうが落ち着きます。

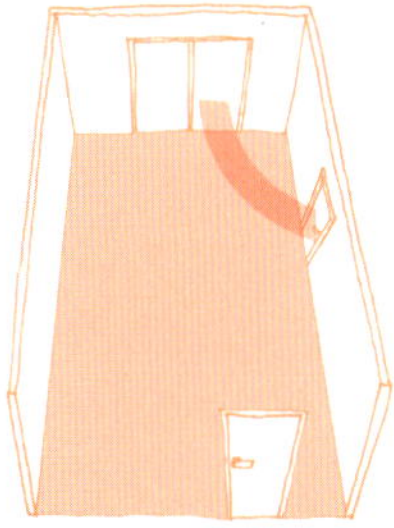

ざわつく、ドア付近の隅

人の出入りする気配があるので落ち着きにくい。

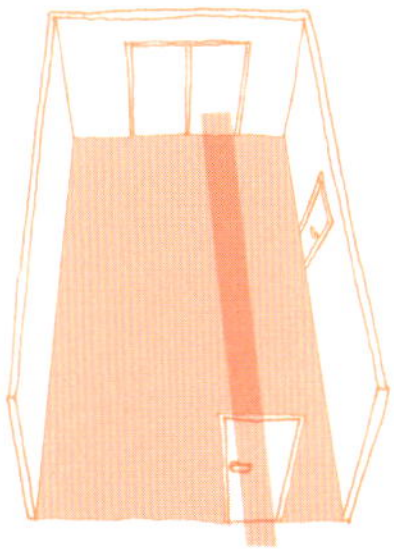

落ち着かない、通り道

ドアとベランダを結ぶ場所は通路になるのでNG。

ベスポジを見つけたら次はこうします

さぁ、ベスポジへお引っ越し。
クッションを置くだけのお試し感覚から、
ソファ移動の模様がえまで、方法はいろいろです。

1
床に座る

超簡単、クッションを置く

クッションを置いて、床に座るだけ。床座でごろりとして過ごします。新しい定位置です。

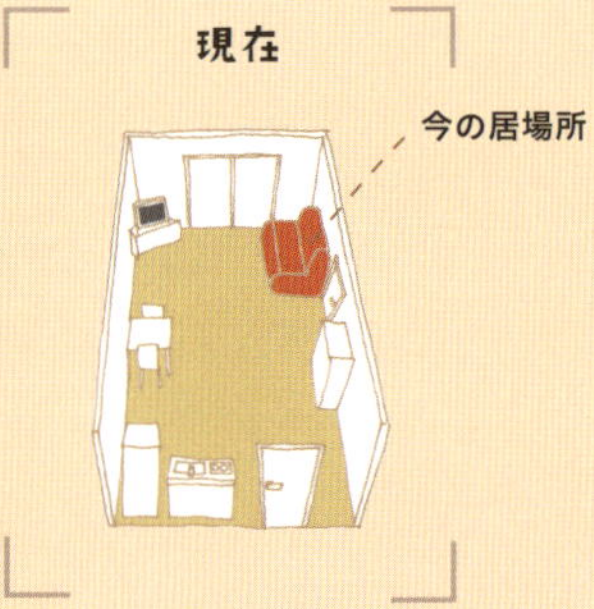

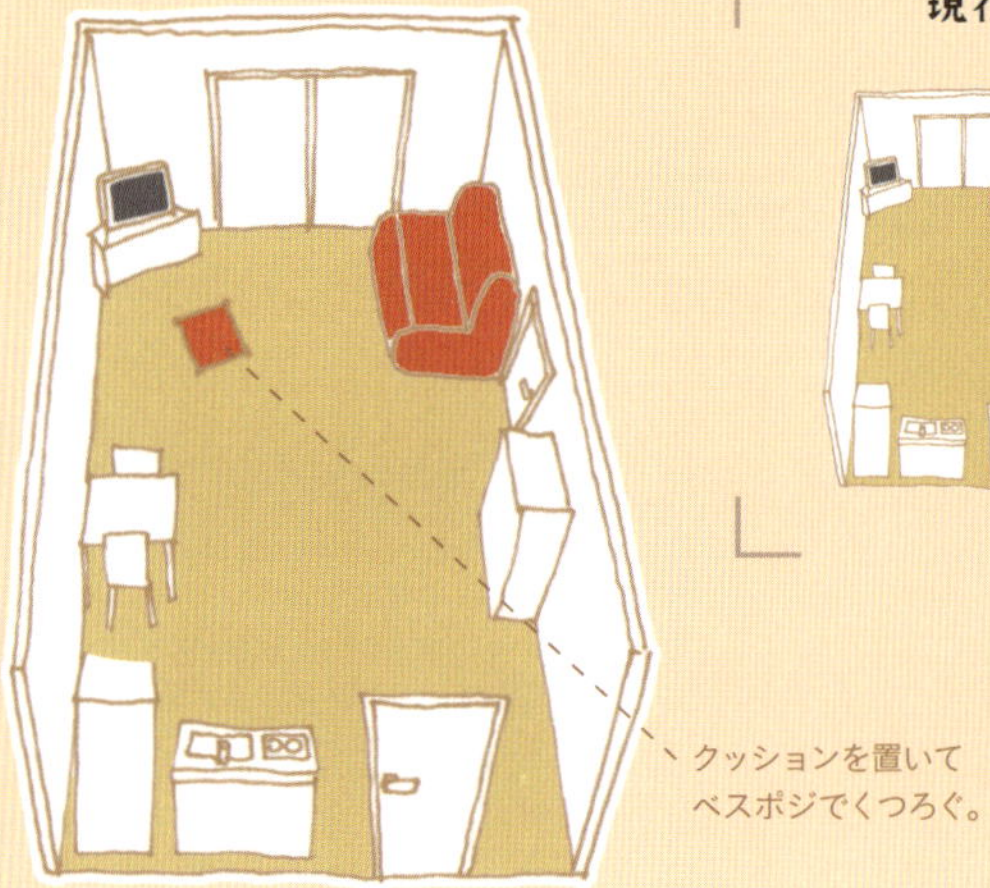

ちょっと様子を見るならこの方法で。
壁にもたれてもいいよ。

2

ソファを移動

家具を動かして、新・定位置

ソファをベスポジへ、本格的に移動。現在のソファ位置に比べ、ドアから離れるので落ち着きます。

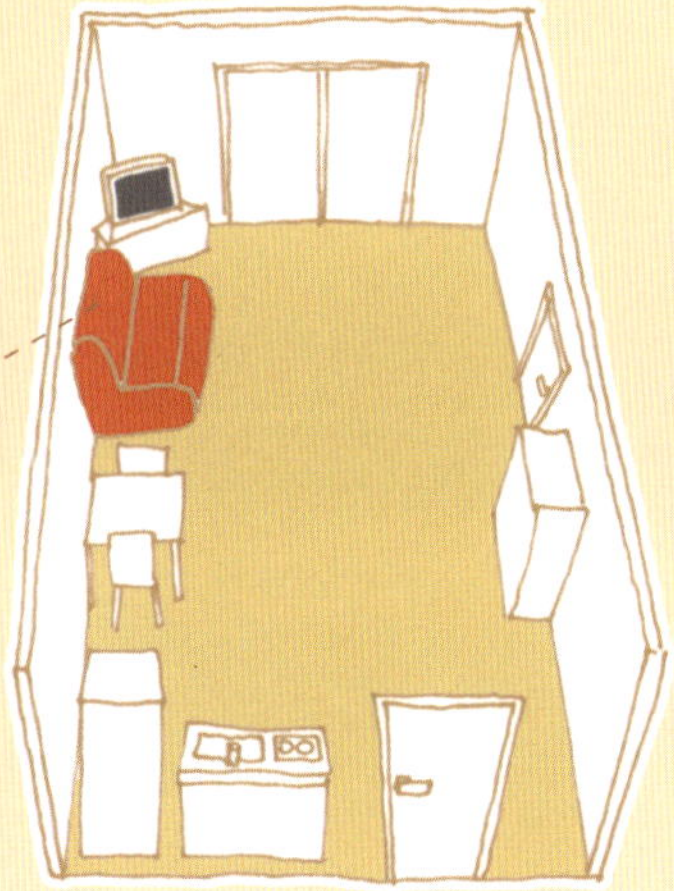

できればテレビはソファの向かいの隅へ。その際
同居人がいたらテレビ前を人が横切るので考慮して。

3

窓に向かって

「こもり感」を重視したスタイル

ソファを窓向きに置くと、食卓やキッチンが目に入らず「こもり感」が強くなります。

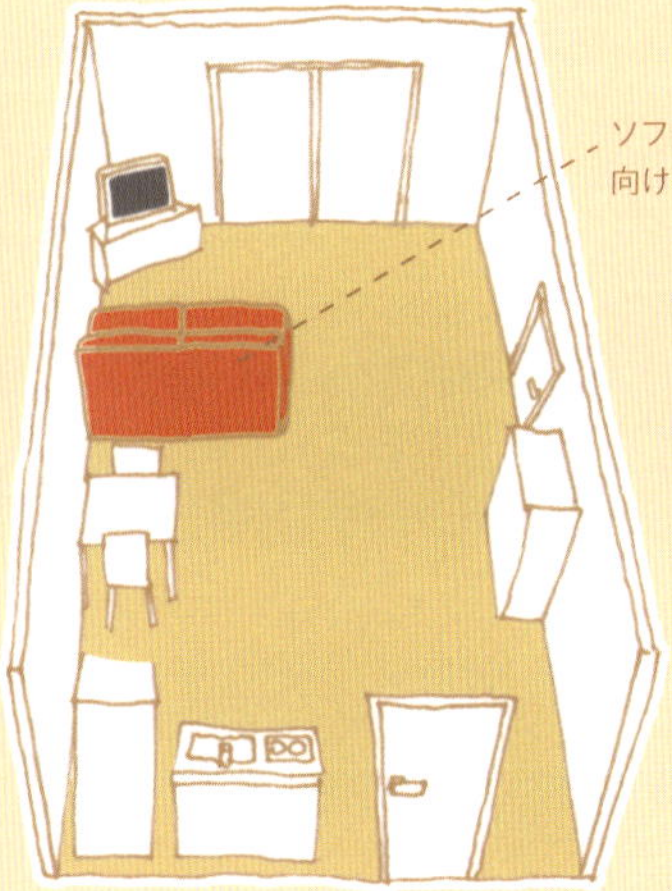

窓からの景色がよかったら、
このポジション、最高です。

居場所のおとも

なーんにもしない時間を格段に押し上げてくれるのがおともの存在。海苔やふりかけが白ごはんを進ませるように、ファブリックというおともがリラックスに充実感を与えてくれます。

クッション、タオルケット、ブランケット…種類豊富なおとものアイテムは大きく2種類。からだに敷くものと、掛けるものです。敷くおともでだらだら姿勢が安定し、掛けるおともで体温調整ができて、長居しやすくなります。ふたつあればもうそこから動きたくなくなるほど心地よい居場所の完成です。これで最強、巣ごもり宣言。

敷くおとも

からだを預けてしっかり

すこし堅めの素材にすると、座り姿勢が安定してリラックスしやすくなります。

ビーズクッション

ソファに近い感覚で、からだ全体を預けるときに向いてます。

クッション

中芯は化繊より綿のほうが堅めでしっかりしています。

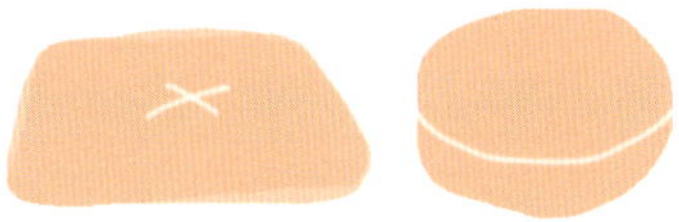

座布団

平らな座布団は座るのには最適。最近は形状やカバーが洋風のもあります。

掛けるおとも

からだを包んでほっこり

座ったり寝たり、自由な体勢で使うから、落ち感のあるファブリックが向いています。

ブランケット

しなやかで大判、が使いやすい。柄ものは部屋に合わせやすい北欧スタイルが人気です。

タオルケット

夏のお昼寝の必需品。ガーゼケットや和晒しなど、気持ちいい素材も豊富。

電気毛布

寒すぎる季節の足元には有難い存在。毛布は厚めが温かい。

見上げたくなる窓辺に

海に行きたい、山に行きたい、疲れた気分を遠い彼の地でいやされたい…と、夢見る日々。いやいや、遠くに出掛けなくても、わたしたちの部屋には窓とベランダがある！　ということで、もっと窓を生かしましょう。窓からの景色がいい感じなら、その近くに寝転がって、ただ風にあたるだけで心がふわっと軽くなります。

冴えない窓をすてきにする方法

眺めたくても景色がなぁ…という場合も大丈夫。風と光は入ってくるから、見た目をちょっとアレンジすれば、心地よい窓になります。

カーテンを開けると隣のビル。残念…。

1 現状はこんな感じ

カーテンを掛けたいつもの窓。景色もさることながら、窓サッシの工業製品っぽさも味気ない雰囲気です。ここを隠してアレンジします。

カバーしたら窓を両端だけ開けて、風を入れる。

2 カーテンで窓全体をカバー

光や風が感じられる薄手のカーテンで窓全体を隠します。代用としてリネンのクロスを掛けるなど簡易スタイルでもOKです。

グリーンを置けば見上げたくなる窓の完成。高い位置には、ハンギンググリーン、低い位置にはエアプランツなど。

3 高低にグリーンを置く

窓全体が隠れたら自然を感じるグリーンを置きます。高い位置と低い位置に置くと全体的にグリーンが配置され、いい感じになります。

部屋を味方にして

会社と家を往復するだけの毎日、忙しいと疲れが繰り越されていくような気分になります。ああ、休めていないな…。そんなとき、必要なのは自分を取り戻す時間です。

新しい居場所で15分だけ休もう、スマホを見るだけだけど、窓の近くで過ごしてみよう。たとえすこしの息抜きでも、自分でコントロールしている実感が

あれば、追われる時間に「NO」と言えたようで心が晴れます。
ペットボトルのお茶を飲むような何でもない時間も、部屋が心地いいとくつろいだひとときに感じられます。部屋がよくなるということは、単に見た目の話でなく、過ごす時間の質を上げてくれるのです。忙しいからこそ部屋も味方にして「小休み」上手になってほしいなと思います。

キュンな「決めコーナー」

決めポーズ、決め顔、決め台詞…世にある「決め界」に、わたしが加えたいのが、決めコーナー。お気に入りを飾って部屋をかっこよく見せる、小さなコーナーです。

ふだんの生活では、「あの店（人）、気に入らないとこがあるけど、いいところも、あるから許せるな」という場面があります。

部屋も全部が気に入るわけではないけど、この決めコーナーがあるから△を○とするか。そんなふうに部屋の長所になればいいなと思います。

このコーナーだけ、全力を
注いでバッチリ決めます。

ふたつのモノで始める「決めコーナー」

「決め」に大事なのは、目立つこと。主役（グリーンや花瓶）の後ろにそれを引き立たせる脇役（絵など）を掛ければ、しっかり目立ちます。

脇役にするモノ

主役を引き立てこのコーナーを目立たせます。額に入れた絵、切り抜き、立てた洋書など。

サイズ：A4くらい
カラー：主役より目立たない色
位　置：主役の後ろに配置

主役にするモノ

北欧のオブジェや花瓶などすきなモノを飾ります。(後ろに絵が来るので立体物が向いています)。

サイズ：すこし大きめ 20cm～
位　置：センターからずらして置く

慣れてきたら、アレンジ！

アレンジ①　敷くモノを足す

メインの下に布やクロスを敷くと安定感が増します。

アレンジ②　背の低いモノを足す

仲間を増やしてコーディネート。主役より小さめで。

ラッキー臨時収入で模様替え

たとえば1万円をもってIKEAに行ったら、大きめのカゴに植物、間接照明のライトが買えます。2万円あったら、さらにラグやカーテンまでそろえられる。そうなったら友達を呼びたくなりそうです。

もし臨時収入があったら何を足そう？　まずは脳内シミュレーションから。

ソファと色の合ってないカーテン。ちぐはぐしておしゃれに見えない…かも。
ソファはお気に入りを購入。小さめの2人掛け・幅120cm。
BEFORE

計画的にモノのない状態をつくるのが「シンプル」で、ただモノがないのは「殺風景」になります。部屋にあまり何もないと無表情な人とずっと一緒にいるような、寂しい気分になります。

ソファのまわりに、夢を広げよう

2万円で7点足しの模様がえ

1 カーテン¥3900、**2** ライトベース＋シェード¥2000+999、**3** クッション＋中芯¥499+599、**4** アクセントテーブル¥1990、**5** カゴ¥1900、**6** 観葉植物¥1290（以上IKEA）。※IKEAは税込、**7** ラグ¥6480+税（スミノエ）

いつもと違う、気分転換

リビングで目的のある時間を過ごすのもいいけれど、たまには「どうでもいいことに夢中になる」のはいかがでしょう。

エアパックのプチプチ制覇のように、ひたむきな作業による達成感。ささやかながら、終わったときの気持ちよさ。そこにちょっとした片づけ要素もあれば、ただの暇つぶし以上の効果が得られます。

毛玉クリーナーがあるとさらに集中。

ニットの毛玉とり

T字カミソリやはさみで、セーターの上を優しくなぞるように毛玉をカット。

化粧ポーチのメンテ

底についた化粧品の粉を拭いて、入れ直して整頓。

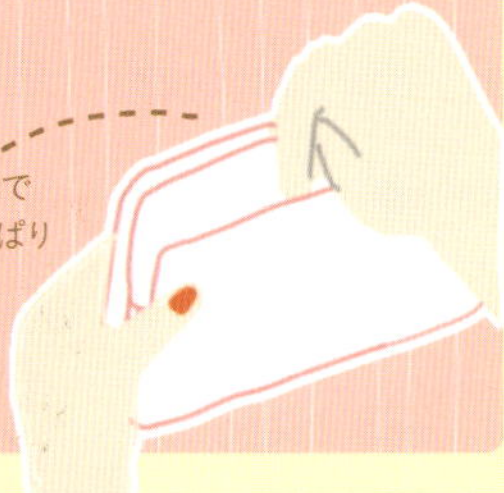
アルコールで拭くとさっぱり

ネイルアイテムの整理

ネイルは立てて収納。取り出しやすい。

お財布の整理

溜まった領収書を抜いて、カードを定位置に戻します。

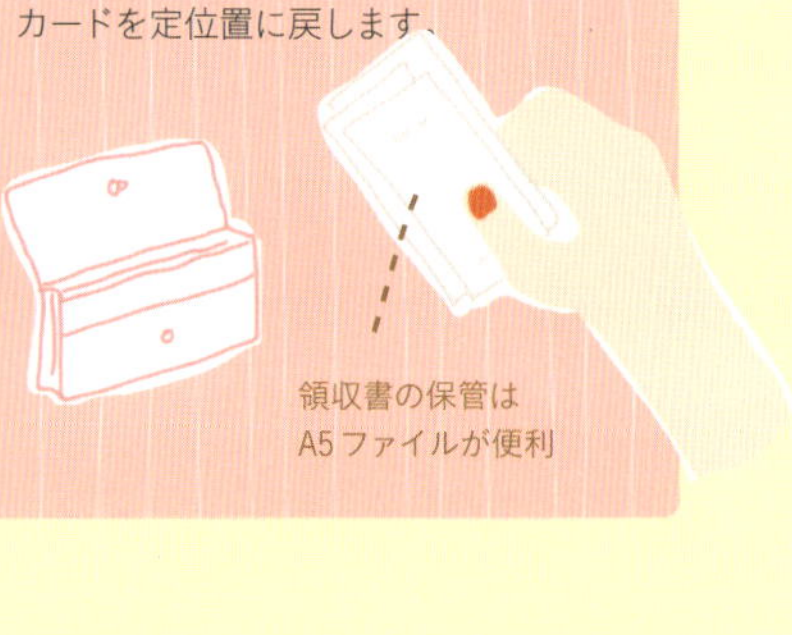
領収書の保管はA5ファイルが便利

わたしがすきなのはニットの毛玉とり。充電式の毛玉クリーナーを片手に、何枚ものセーターを片っ端からきれいにしていると、あたまは空っぽ、無心になっています。
人は別の作業を始めると、それまで使っていた脳の回路をいったん休めるんだって。いつもと違う気分転換、たまにはいいかもしれませんよ。

ずっとスマホ片手だと、あたまも興奮しっぱなし。ときどき違うことをして。

片づけにも一役、買います
オススメ作業

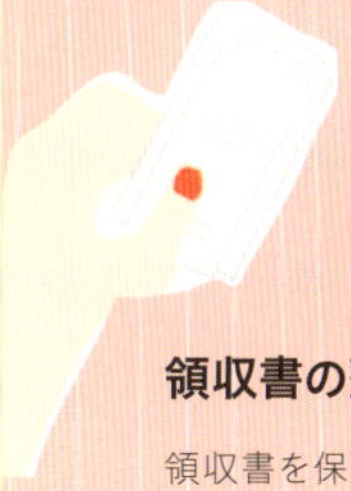

領収書の整理

領収書を保管する人は、A5のじゃばらファイルに月ごとに分けると見返すのに便利。

筆記具の試し書き

意外と溜まっている出ないペン、一斉捜査して処分。

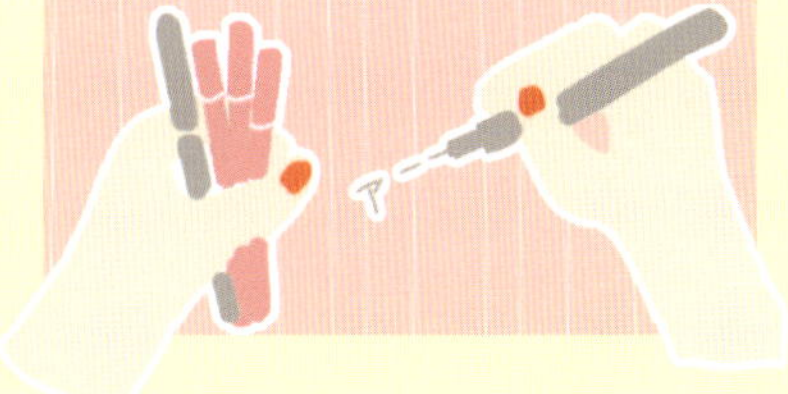

リビング 夏仕様・冬仕様

夏の「じめっ」、冬の「ひやっ」を制すれば一年じゅうリビングで心地よく過ごせます。

そのためにはからだに触れるもの、とくに居場所のおともを、夏物・冬物、に変えるのがいちばん簡単な方法です。足に触れ

夏のお手本はアジアのリゾート

サラサラする・夏

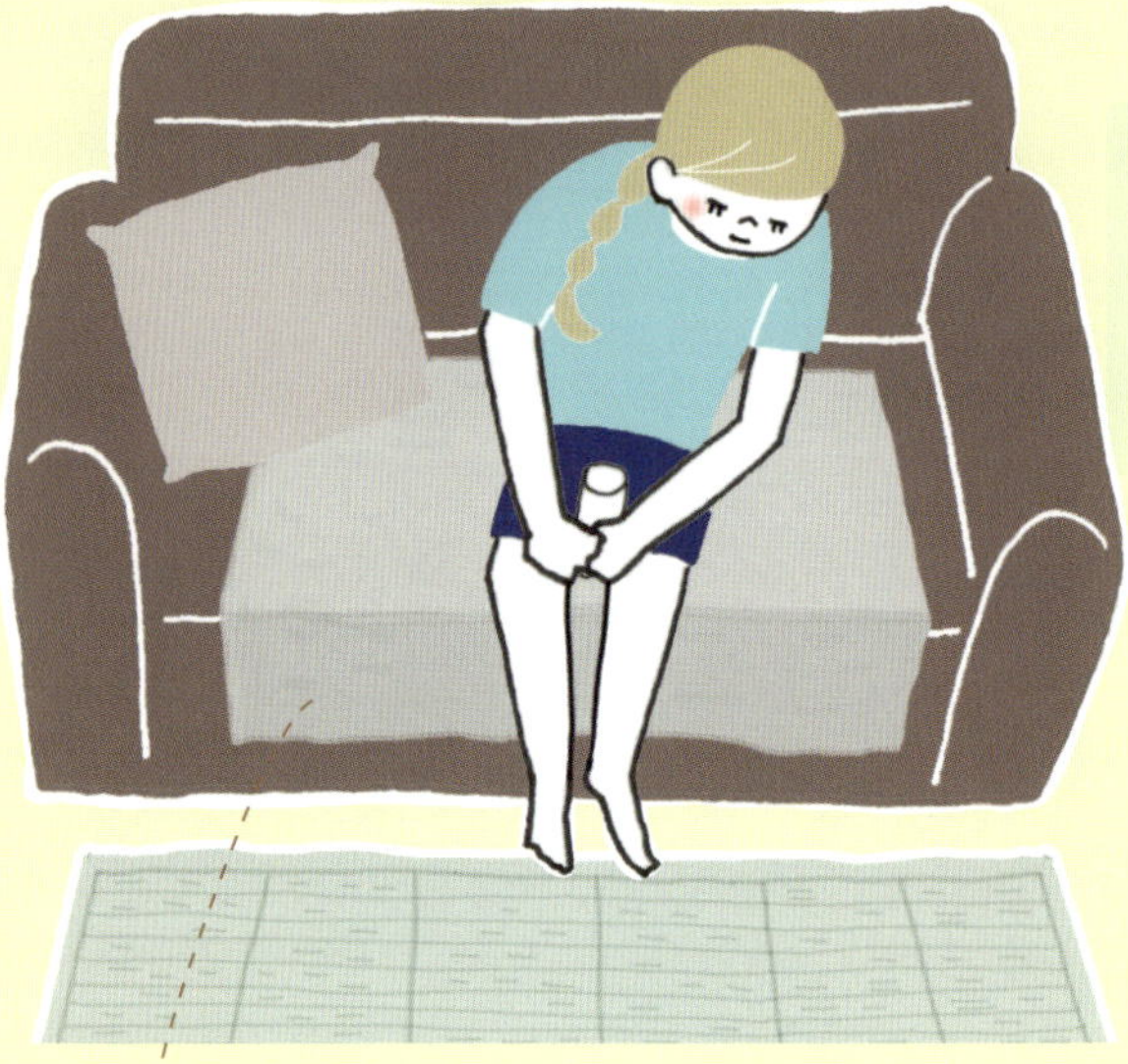

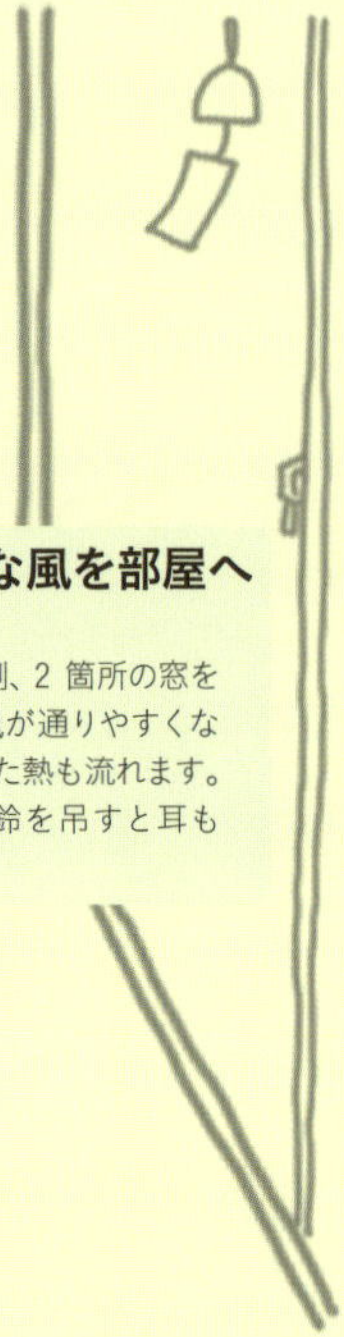

爽やかな風を部屋へ

北側と南側、2 箇所の窓を開ける。風が通りやすくなり、こもった熱も流れます。小さな風鈴を吊すと耳も涼しい。

ソファにしゃり感

リネンの布をソファ座面に敷いてひんやり。汗をかいても洗濯してもすぐ乾きます。

足元に、井草やコットン

夏にいいのは裸足でさらっとする素材。井草やリネン混といった素材のラグやマットを。

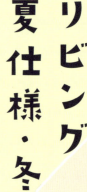

冬のお手本はヨーロッパのスキーロッジ

ぬくぬくする・冬

あかりで温かさを演出

電球色のライトを置いて。暖炉はないけど、温かみのある雰囲気を演出してくれます。

クッションを厚手に

ウールや厚手のカバーに変えると、肌ざわりもぬくく、見た目にも温かい。

足元にウール

床から冷えるので足裏を重点的にカバーします。ウールなど温かい素材をラグや靴下に。

るスリッパも季節毎に変えたいアイテムです。そこに夏なら風鈴、冬ならあかりといった耳や目で楽しむアイテムを部屋に足せば、気分もさらに盛り上がります。知らぬ間に時が過ぎてしまうのはもったいない。季節を楽しみ一年を味わいましょう。

スキマの5分

静

5分のなんちゃってめい想

最近のめい想は海外エグゼクティブの脳トレ、気分転換法としても市民権を得ています。目的はざわつく脳を静めること。難しく考えないで、スマホのタイマーで「5分」をセットしたら、目を閉じます。雑念が入ってきたら、山、海、川、ひとつの景色を思い浮かべると集中します。4分あたりから変化が出て、終わると、あたまのなかが静かになった気がします。

あたまの中

具体的な考えごとを始めたら、吸って吐いて〜という自分の呼吸を数えて集中しても。

肩

意外と肩があがっています。下げて力を抜き、リラックス。

タイマー

スマホのタイマーで「5分」をセット。

手と足

足はあぐらを組みます。手は親指と人差し指をつけたら、上に向け、膝の上へ。

目的は脳を静めることなので、わたしが実践するときはこれくらいの要点を押さえます。

スキマの5分

動

レッツ、ダンス！

たった5分でもからだを動かせば何かが吹き飛びます。平日は激しい運動をするとかえって疲れが溜まるので、スキマ時間に踊ってみるくらいの運動がよさそうです。まぬけなことが許される、これもホームの醍醐味です。

からだを動かすことで
血流もよくなります。

あきたら
さ、お風呂。

わたしのよもやま話　COLUMN

休んでと、教えてくれるもの

休職中の友達とお茶をしていたときのこと。

「今は、通勤で使ってた道を歩いても、『あ、道端に花が咲いてる』って気づくんだよなぁ…」

と、しみじみ言ってました。バリバリ働く彼女のこと、通勤のときは、しっかり前を見て、がんがん歩いていたのでしょう。人は頑張っていると視野が細くシャープになります。


わたしも部屋に花を飾っていますが、忙しいときはほとんど目に入っていません。そして席を立ったとき、ふと花に気づ

明日、晴れるかな

いて「あ、息抜きしなきゃ」と思います。

部屋に飾った花やお気に入りは、自分の調子を測るバロメーターでもあります。家に帰っても、それらの存在に気づかないときは、頑張らなきゃと視野がシャープになっているとき。ガツガツと気持ちが張り詰めているとき。そんなときこそ、なんでもない時間を過ごす小休みが必要です。

部屋に飾った花やお気に入りは、ただ愛でるだけのものでなく、わたしたちに「○○さん、休んで」と教えてくれています。

5
CHAPTER

玄関＆その他

明日のために

明日のわたしも元気でね。

ゆっくり休んだら、
元気を明日にお裾分け。
帰ってきたときほっとする玄関に、
服が選びやすいクローゼットに。
明日からのわたしも
気持ちよく過ごせますように。

玄関でスイッチオフ

玄関ガチャリ。「ただいま」と靴を脱ぎつつ、頭のなかは仕事のことでいっぱい。そんな働き者のあなたがゆっくり休まるには、お風呂に入ってごはんを食べて…もう時間がかかる！　だから、気分が切り替わる玄関にしちゃうのです。

ドアを開けたら、見る、触る、香る…五感に働きかけるアイテムを置いて「今日もお疲れさま。もう家だから休もうね」、と自分に言ってあげる。これでいち早く休む体勢に突入です。

毎日の小休みに慣れてきたら、玄関でスイッチオフできるようにしませんか。

スイッチOFFのしかけ

無意識に帰ってきたときも、素通りせずに「あ、もう家だ」と気づくよう、五感に働きかけるアイテムを置きます。

これを足すといいよ

思考オフの合図に香り

嗅覚もなかなかの効果。毎日、嗅ぐとその香りだけで家に帰ったとからだが意識するように。火を使わないタイプを。

目で見て切り替える

すきなポスターが目に入ったら無意識にドアを開けてもはっと気づきます。玄関は長時間いないので派手でもOK。

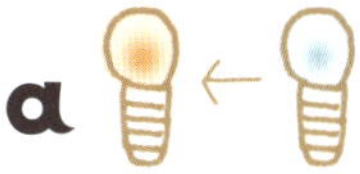

電球色で帰宅を実感

電球色は温かいオレンジ色。玄関の天井ライトが消えたらぜひ電球色に。リラックスムードになります。

「もふっ」で優しいおかえり

玄関マットに「もふっ」

毛足の長い「もふっ」、柔らかさ追求の「もふっ」、密度のある毛足の「もふっ」など、種類が豊富です。

玄関で靴を脱いだとき、トイレに入ったとき、ふいに足裏に「もふっ」という肌ざわりを感じたら、ほっこりすると思いませんか。

タオルやおふとんなど、手や顔にあてる「もふっ」よりも、マットやスリッパは、無意識に触れることが多いから、ふいをつかれたような、サプライズ感がうれしいのかしれません。

トイレマットに「もふっ」

厚みのあるマットのほうがより「もふっ」が感じられます。マイクロファイバー製ならその肌ざわりと速乾性が両立。

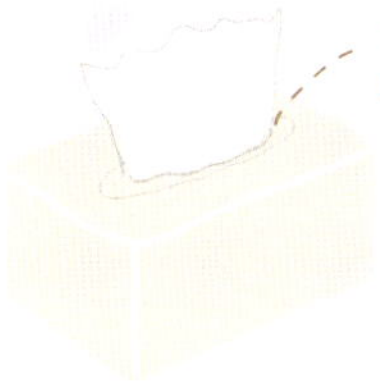
空気中の水分を
取り込むので柔らかい

ティッシュに「もふっ」

保湿系ティッシュ。肌へのひっかかりがなく一度使うとやみつきに。

マット、ティッシュ、スリッパ。「もふっ」は会社や外の世界では触れないやさしい感触。家だから味わえる素材で、お疲れの気分をふわ〜といやしましょう。

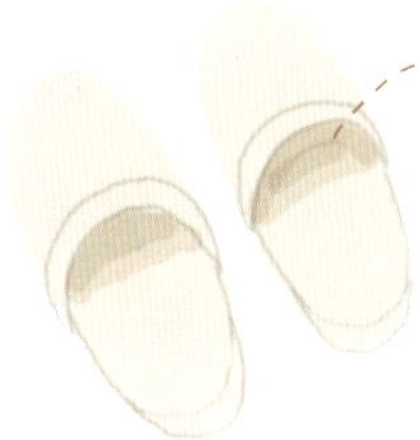
「甲」の立ち上がりが
しっかりしていると
「もふっ」が強い。

スリッパに「もふっ」

中敷きが「もふっ」と、全体が「もふっ」の2タイプに分かれます。綿素材なら柔らかく、静電気が起こりにくいのでホコリがつきにくい。

大人の「もふっ」はナチュラル色で

愛らしい「もふっ」ですが、ピンクやブルー色使いまでかわいくすると部屋が子どもっぽくなります。ナチュラルな大人のカラーリングで。

フックをつけていい気分

家に着いたら、はぁ疲れたとため息ついて上着をばさっ。それを寝る前、渋々片づける（片づけない日もある）…。

この帰宅あるある。今年で終止符を打ちましょう。壁にひとつフックをつけるだけ、これで解決です。

家に帰ったら玄関からそのままフックへ直行、そして上着を掛ける…これでもう煩わしい日々には戻りません。

洋服はハンガーに掛けておくと匂い成分が蒸発します。フックに掛けてて干し、寝る前にクローゼットへ。小さな片づけが習慣になってしまえば、気持ちの余裕がまた増えますね。

散らかりゼロ、着た洋服のフック掛け

クローゼット周辺の壁に、フックをひとつ。これで、脱いだ上着の散らかり、それを見るイライラ、片づける面倒さ…ぜーんぶから解放されます。

壁奥からは45cm離して

ハンガーを掛けて15～20cmのスキマができるので、洋服を傷めません。

高さは160cmくらい

長いコートを掛けても裾がじゃまにならない高さにフックをつけます。

無印良品『壁に付けられるフック』なら、賃貸でも取りつけOK。コートに必要な耐荷重は2kg。

余裕のある日は、洋服ケアもしよう

ホコリにはブラッシング

上から下へ優しくなでてホコリを取ります。手でもいいけど、天然ブラシなら静電気が起こらずホコリがつきにくい。

匂いには、霧吹き＋乾燥

匂い成分は粒状で水に溶けやすい性質。霧吹きをかけて乾かせば、蒸気と一緒に浮いて取れます。乾かして中へ。

夜9時からのクローゼット点検

「クローゼットは、女の人の武器庫みたいだね」と、知人の男性。たしかにクローゼットには、「この洋服を着たら元気になる！」と気持ちを強くしてくれる大事な装備＝洋服がところ狭しと並んでいます。

　いつかはそれらをうっとり眺めような、クローゼットにしたい。その日に向けてちょっと時間のある夜に小さな点検をしましょう。

　ご存じの通り、着ないモノをクローゼットからへらすと洋服の出し入れがしやすくなります。それが「オーバーストックの整理」。いざクローゼットを片づけねば！なとき早く進みますよ。

5 min

洋服の間に手を入れてゆがみ取り

洋服や袖のゆがみがなくなると、見た目がびしっと整います。手を肘まで入れて、上から下へ動かして、まっすぐに。

3 min

移動しやすいようひとまとめに

ハンガーと着ない洋服を紙袋に入れて、まとめます。

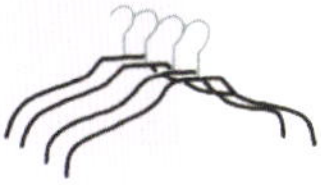

some days

いつかハンガーを総替えしたい

全部変えれば眺めたくなる美的クローゼットになる！

10 min

明らかに着ない服を探す

戦力外の洋服を探します。捨てるかどうかは、あとで考えるとして、まずは意思表明としてクローゼットから出す、これで1歩前進。

5 min

使っていないハンガーを外す

使わないハンガーやショップバックのオーバーストック。必要ないのに溜めていたらムダなスペースを取っています。

明日はこれを着る

翌朝の考えごとはひとつでもへらしたい。だから、時間にゆとりのある夜に、明日、着る服をコーディネートしておきます。そろそろ寝ようかな、の前にパパッと準備の2分です。

着る服をハンガーにセットする面白さは、自分の服装を客観的に見られるところ。「この人、暗そう」なんて思ったらすぱっと明るい色を投入です。

朝のバタバタをへらす、夜習慣

夜のうちに決めておけば、翌朝は用意されたものをさくさく着るだけ。かんたんです。忙しい朝にもちょっと余裕ができますね。

ハンガーに明日服をセット

ハンガーに、明日着る洋服をフルでセット。全体を客観的に見て決めるので、ちぐはぐコーディネートも防げます。

ここでもフックが活躍します。

アクセサリーも夜決めで

ハンガーに掛けた洋服でアクセサリー検討。小さなことだけど考えごとがまたへります。

アクセサリーはトレイにまとめておくと選びやすい。

カバンもさくっと整理

ついでに、ばらつく書類や文房具もざくっと整理。前向きな気持ちに。

A4仕切りファイルで、いろんな案件を分けて管理。

明日は何がある？から逆算コーデ

どうせならなら、楽しく洋服を選びたい。キャリア風？女の子らしく？明日の予定に合わせて、自分を変身です。

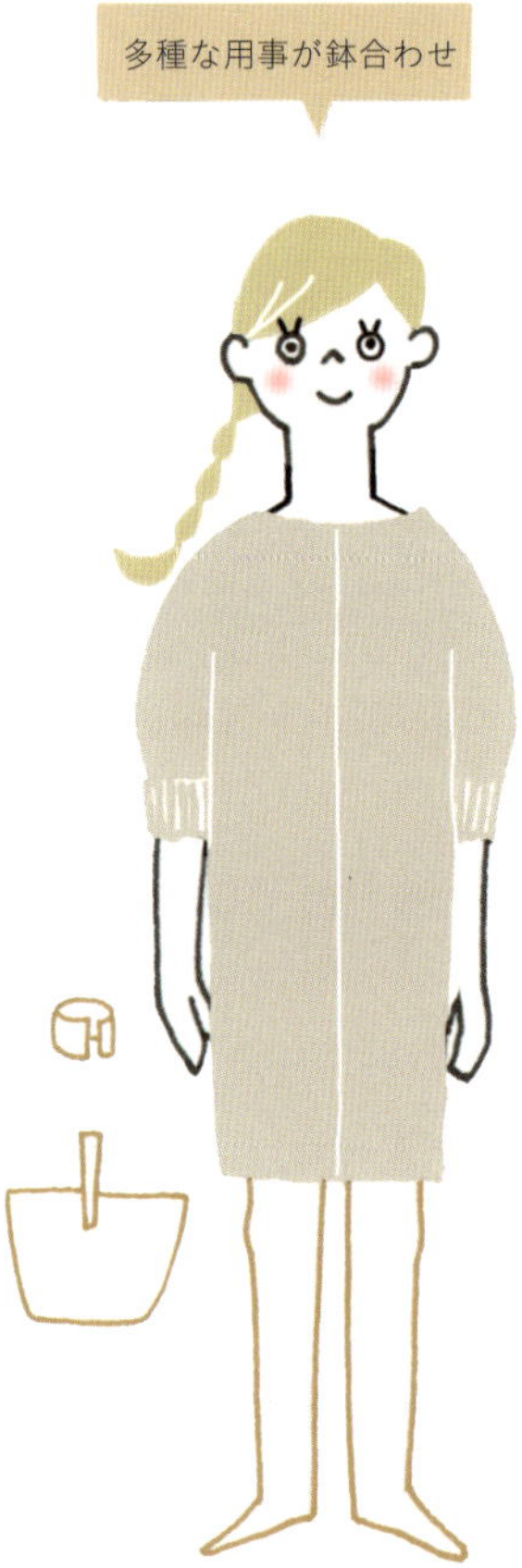
多種な用事が鉢合わせ

明日は会議あり

明日は雨らしい…

ワンピースで切り抜ける

会議、打合せ、友達と食事。ワンピースならどんな場面もOKです。堅いシーンが多いなら首元のつまったものを。

上半身の印象から考える

席に座ったとき、きちんとした印象を与える、シャツやスカーフで。自分がどう見られたいかをイメージ。

足元から組み立てる

レインブーツなど足元から考えます。水濡れ OK なバッグとともに「雨の日セット」があると便利。

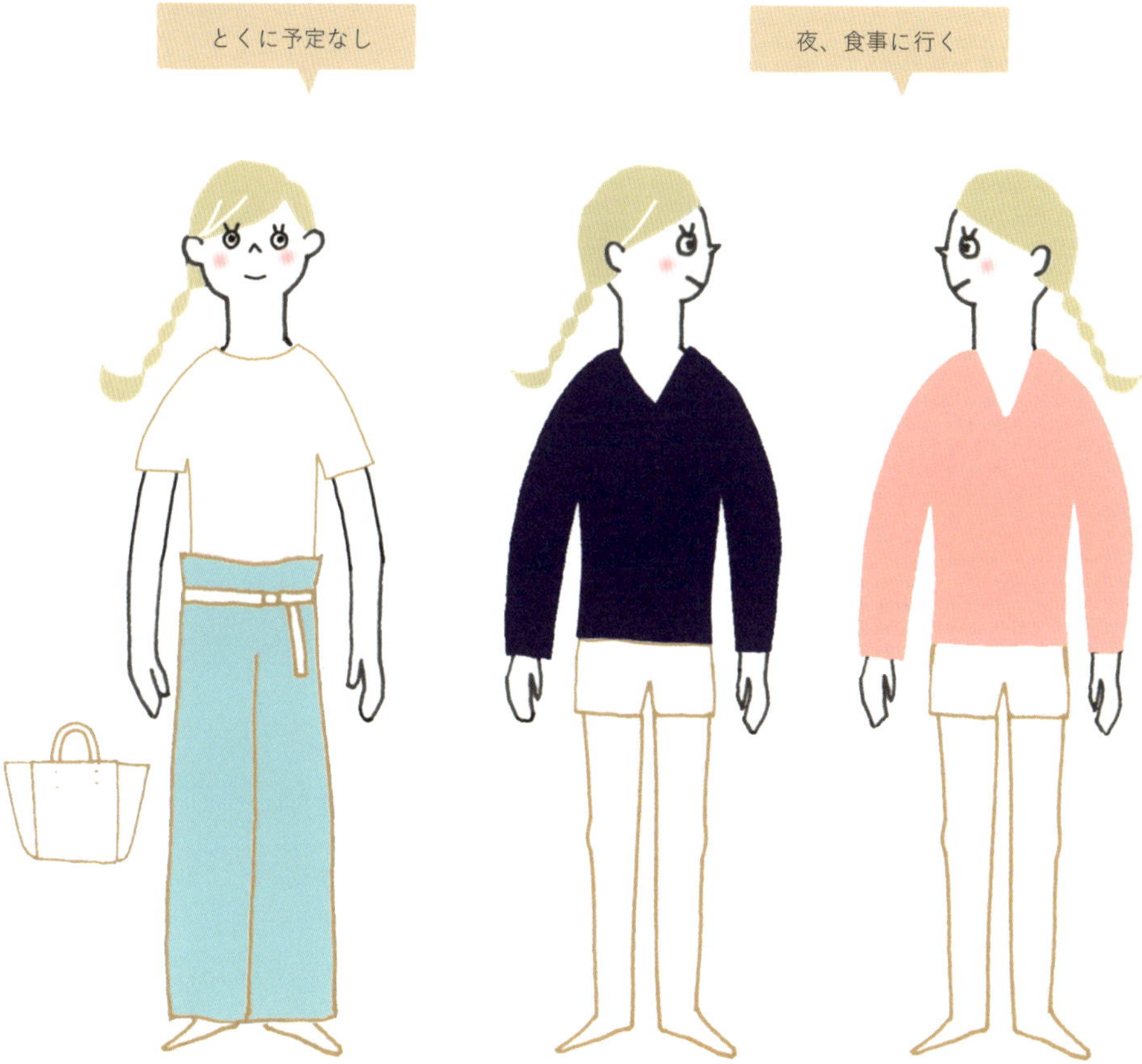

新しく買った洋服から考える

何もない日は、自分のために装おう。最近買った洋服をデビューさせる？ 新しい組み合わせで？　めいいっぱい楽しんで。

色の印象から考える

シックなお店なら浮かないようにダークな色を。楽しい会になりそうなら、華やかな色のトップスで。

壁にあてて、背筋ぴんッ

小休みで元気が溜まってきたら、丸めた背中をぴーんと伸ばして自慢げに歩いてやりましょう。きれいな姿勢が自分で確かめにくければ、壁をガイドにするとかんたんです。まず背中をつけて、まっすぐ立つ。首の位置を正したら、そのまま前へ。どうだ、わたしの元気、加速中。

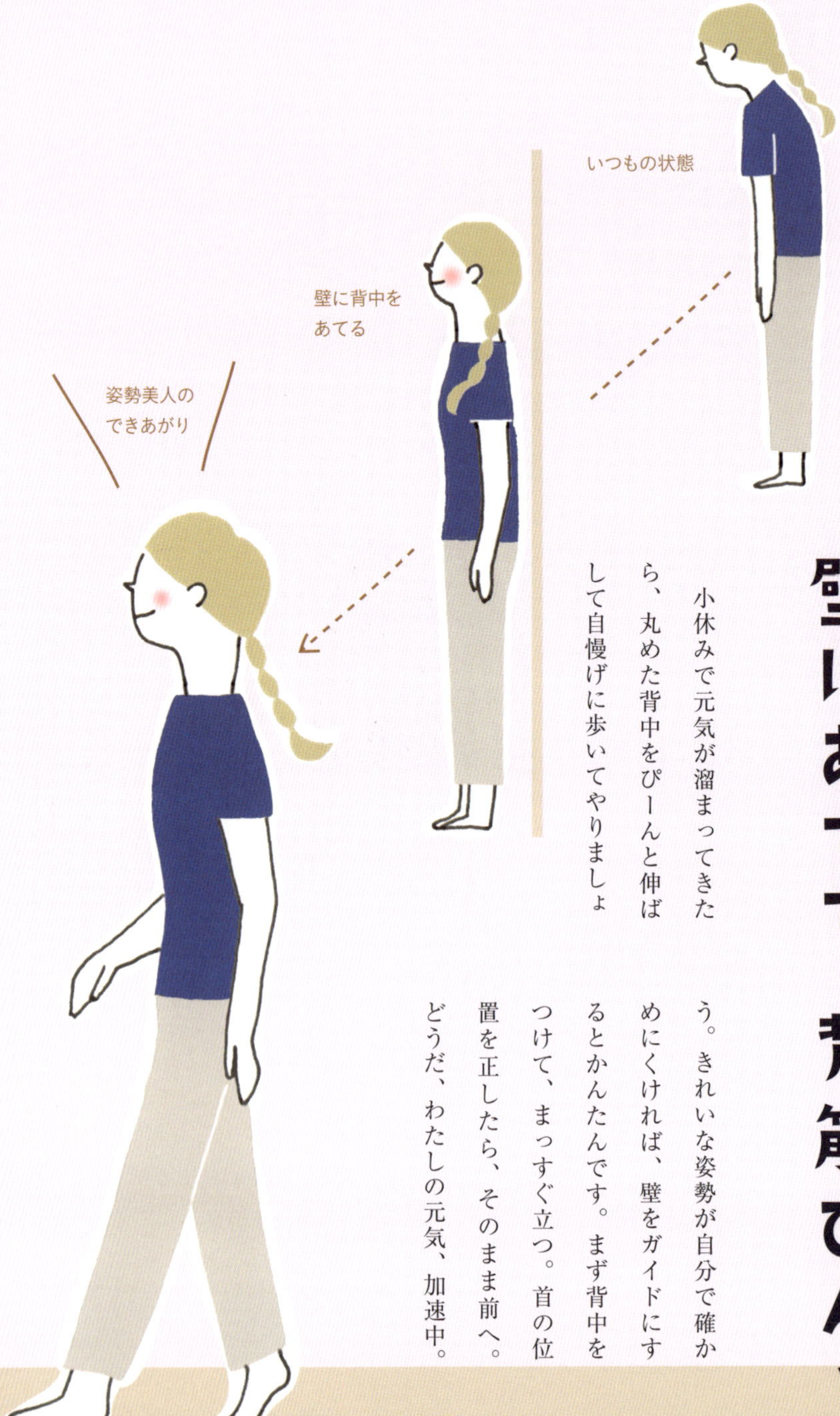
いつもの状態
壁に背中を
あてる
姿勢美人の
できあがり

口角をあげて、ニッ

仕事をしている自分の顔を見て「これ、わたし？　なんておそろしいの」と思ったことはありませんか。真面目に働いているだけなのにね。

知らない間にこわばっている顔の全域を意識するのは大変だから、笑顔の起点、口角だけでも上げておきましょう。人って口角をあげたつくり笑顔でも、元気になるんですって。

なんだか得した気分。わたしにプラス、周囲もプラス、上げてきましょ、口角！

さ、今日も始まりだ

よく眠ったらあたまがクリアになって仕事がはかどる。しっかり食べたら夜まで元気が続く。ちゃーんとくつろいだら、気持ちにも余裕がでた…毎日の

小休みは、小さいことばかりだけど、自分をしっかり立て直してくれます。これが「地に足がつく」ということなのかもしれません。足元がしっかりすれば、仕事や時間に飲み込まれるときも、よろけてバランスを崩さなし、向かい風がきついときだってしっかり歩けます。自分のことがちゃんと守れる、強くなるってことですね。

さ、今日も始まりです。外でいっぱい頑張っても大丈夫。多少疲れて帰ったって、休まる家が待ってます。

あとがき

仕事柄、たくさんの働く女性に会います。
都心でバリバリ働く女性。地方でバリバリ働く女性。
育児と仕事に、てんてこまいに過ごす女性。
結婚、転職、新しい環境に奮闘している女性。
みんな忙しそうだけど、疲れているとは口にも顔にも出さず
ひたすら頑張っています。その姿は、健気でたくましくて、
同性として誇らしい気持ちになります。
そんな人たちの「休まる時間」が、毎日の生活のなかで
すこしでも増えたらいいなと、この本を書きました。
数年前、わたしはある講義の最後に語りました。

女性は生まれもって電球のように明るい存在です。
だれもそのことに、感謝も、ほめてもくれないけど
家族や職場、周囲の人は、きっとあなたを見て心を明るくしている、と。

電球は、外側がガラスで傷つきやすいけど、中に熱く明るい光源があります。
弱さと強さをもちながら、日々、光っています。
わたしたちも、毎日の小休みでメンテすれば、
ガラスが曇ったり、割れたりせず輝いていられます。

光の大きさや、照らす場所は違っても、
みなさんがいろんな場所でそっと周囲を明るくしています。
たくさんの女性が、明日も明るく輝きますように。

川上　ユキ

川上ユキ　yuki KAWAKAMI

インテリアコーディネーター・プロダクトデザイナー

コクヨ株式会社にて家庭用家具、児童用机などのデザイン・設計・商品開発に携わる。退社後、インテリアコーディネーターの資格を取得。川上ユキデザイン事務所として、現在は住宅関連企業等で、家具や住宅等の商品開発、デザインコンサルタントを行う。また、インテリア・収納の講師として、女性誌を中心に、新聞の連載やテレビなどでも活躍。デザイナーとしての実践的な生活提案に定評がある。
主な著書に『考えない片づけ』(エクスナレッジ)、4冊の『カエテミル』シリーズ(大和書房)、『独り暮らしをつくる100』(文化出版局)、『収め、納める』(世界文化社)など。著書は、わかりやすい内容とセンスのよい提案から、海外翻訳本も多数に及ぶ。

http://kawakami-yuki.com/

心とカラダがやすまる暮らし図鑑

2017年5月30日　初版第一刷発行

著　者　川上ユキ
発行者　澤井聖一
発行所　株式会社エクスナレッジ
〒106-0032　東京都港区六本木7-2-26

問い合せ先
販売　Tel 03-3403-1321
編集　Tel 03-3403-1381／Fax　03-3403-1345
info@xknowledge.co.jp